每一位妇女都有人生出彩和梦想成真的机会

我们妇联有力量

基层妇联执委百问百答

葛 彬 编著

SPM 南方传媒 广东人民出版社

·广州·

图书在版编目（CIP）数据

我们妇联有力量：基层妇联执委百问百答 / 葛彬编著. —广州：广东人民出版社，2023.7

ISBN 978-7-218-16686-5

Ⅰ. ①我… Ⅱ. ①葛… Ⅲ. ①妇女工作—基层工作—广东—问题解答 Ⅳ. ①D442.865-44

中国国家版本馆CIP数据核字（2023）第107861号

WOMEN FULIAN YOU LILIANG: JICENG FULIAN ZHIWEI BAIWEN BAIDA
我 们 妇 联 有 力 量 ： 基 层 妇 联 执 委 百 问 百 答
葛 彬 编著　　　　　　　　　版权所有　翻印必究

出 版 人：肖风华

责任编辑：王庆芳　张　瑜
责任技编：吴彦斌　周星奎

出版发行：广东人民出版社
地　　址：广州市越秀区大沙头四马路10号（邮政编码：510199）
电　　话：（020）85716809（总编室）
传　　真：（020）83289585
网　　址：http://www.gdpph.com
印　　刷：广东鹏腾宇文化创新有限公司
开　　本：787毫米×1092毫米　1/16
印　　张：12.75　　字　数：137千
版　　次：2023年7月第1版
印　　次：2023年7月第1次印刷
定　　价：35.90元

如发现印装质量问题，影响阅读，请与出版社（020-85716849）联系调换。
售书热线：（020）85716863

序言
PREFACE

  党的二十大报告指出："完善社会治理体系。健全共建共治共享的社会治理制度，提升社会治理效能。……畅通和规范群众诉求表达、利益协调、权益保障通道……建设人人有责、人人尽责、人人享有的社会治理共同体。"基层妇联是党和政府联系广大妇女群众的桥梁和纽带，要更好地发挥其在建设人人有责、人人尽责、人人享有的社会治理共同体中的积极作用。自全国妇联提出村（居）妇代会改建妇联（简称"会改联"）工作后，各地农村村委会和城市居委会选出了大批妇联执委。2021年基层妇联换届工作后，新一届妇联执委活跃在妇联工作第一线，为打通服务妇女群众的"最后一公里"作出了突出贡献。由于绝大多数基层妇联执委都是兼职，来自各行各业，对妇联执委是什么岗位、执委的工作职责是什么、做好执委需要哪些能力、在乡村和城市社区治理中如何开展工作等一系列问题了解得还不够全面和清晰，需要理论学习和实践提升。在推进中国式现代化新征程中，妇联执委要充分展示巾帼力量，通过"亮身份、办实事"服务好群众，落实习近平总书记"希望妇联组织把联系和服务广大妇女作为工作生命线"的要求①。本书围绕执委应知应会的知识要点、素质能力要求及如何开展工作进行编著，以《我们妇联有力量——基层妇联执委百问百答》为题解答相关的知识点、能力及方法。当然，百问不可能涵盖实际工作全部内容，百答也不能穷其方法，但相信有理论、有实践的内容会给基层妇联执委提供实际的帮助和指南。

为了生动形象地展示基层村（居）妇联执委在实践中服务妇女儿童的经验，本书收集了部分优秀执委的工作案例，这些活跃在群众中的妇联执委坚持听党话、跟党走，围绕中心、服务大局，有情怀、有担当，展示出新时代巾帼"她力量"的巨大能量，是基层妇联执委学习的榜样。

2023年6月，《习近平关于妇女儿童和妇联工作论述摘编》（以下简称《论述摘编》）出版发行，全国妇联印发通知提出，要充分发挥广大妇联执委、三八红旗手、巾帼志愿者、先进女性代表等作用，通过巾帼大学习、大宣讲等平台，推动《论述摘编》进机关学校、企事业单位、城乡社区。希望本书可以帮助基层妇联执委在学习和宣传《论述摘编》的过程中，更好地结合服务妇女群众的实践工作，达到"一书在手，服务妇女儿童有力量；百问百答，完善社会治理有方法"的社会效果。

---

① 《习近平关于妇女儿童和妇联工作论述摘编》，中央文献出版社，2023，第25页。

目录
CONTENTS

上编
基础知识编

1. 妇联是什么性质的组织？/ 1
2. 妇联的会徽和会旗是什么样的？/ 2
3. 妇联的组织架构是怎样的？/ 3
4. 基层妇联组织领导机制是怎样的？/ 5
5. 基层妇联主要承担什么任务？/ 5
6. 基层妇女代表和执委是怎样产生的？/ 7
7. 执委参加妇女代表大会时有哪些职责？/ 9
8. 基层妇联执委有哪些日常工作？/ 9
9. 妇女儿童工作委员会是什么组织？/ 10
10. 妇联的"三性"和"四自"精神是什么？/ 11
11. 《中华人民共和国妇女权益保障法》的主要内容及相关法律法规有哪些？/ 12
12. 什么是《中国妇女发展纲要》和《中国儿童发展纲要》？/ 17

13. 基层妇联如何配合"两纲"的落实？/ 19
14. 什么是马克思主义妇女观？/ 20
15. 什么是男女平等？/ 21
16. 男女平等基本国策的内涵是什么？/ 22
17. 什么是性别平等主流化？/ 23
18. 什么是妇女之家？/ 24
19. 什么是网上妇联？/ 26
20. 关于家庭的"三个注重"是什么？/ 27
21. 《全国家庭教育指导大纲》的主要内容有哪些？/ 29
22. 《中华人民共和国家庭教育促进法》的重要意义及主要内容？/ 32
23. 什么是三八红旗手？/ 36
24. 什么是妇女创业担保贷款？/ 37
25. 什么是巾帼行动？/ 38
26. 什么是"两癌"免费检查项目？/ 40
27. 什么是家庭暴力？/ 41
28. 什么是"建设法治中国·巾帼在行动"活动？/ 42
29. 什么是"平安家庭"创建活动？/ 43
30. 什么是"家家幸福安康工程"？/ 44
31. 什么是妇联法律帮助中心和妇女维权站？/ 45
32. 什么是妇女维权热线？/ 46
33. 哪些途径可以申请妇女儿童相关项目？/ 46
34. 如何加强与港澳台、海外妇女组织的交流与合作？/ 47

中编
素质能力编

35．如何塑造外在形象？/ 49

36．如何提升内在素养？/ 50

37．怎样管理自己的情绪？/ 52

38．怎样提升执行能力？/ 55

39．怎样提升目标管理的能力？/ 56

40．怎样提高写作能力？/ 57

41．怎样提高演讲能力？/ 60

42．怎样提升学习能力？/ 61

43．如何提高知法懂法用法的能力？/ 63

44．如何提升创新能力？/ 64

45．如何提升廉洁自律的能力？/ 66

46．怎样提高辨别真伪的能力？/ 67

47．怎样提升妇联工作的专业能力？/ 68

48．如何提高引领群众的能力？/ 69

49．如何提高组织协调的能力？/ 71

50．如何提升人际沟通能力？/ 71

51．怎样提升应急处突能力？/ 73

52．怎样提高宣传能力？/ 75

53．怎样提高调查研究的能力？/ 78

54．怎样提升化解矛盾的能力？/ 80

55．怎样提升妇联的凝聚力？/ 82

56．怎样提升激励能力？/ 83

57．怎样提高选贤用人的能力？/ 84

58．怎样提升理论研究的能力？/ 85

下编
工作指导编

59. 如何做好妇女群众的政治思想工作？/ 89

60. 怎样将广场舞队组建成妇联的巾帼志愿队？/ 91

61. 如何通过网络做好基层妇联工作？/ 93

62. 如何组织妇联的学习培训工作？/ 95

63. 如何与社会机构联手做好妇女儿童工作？/ 97

64. 如何发挥执委个人特长为妇女儿童服务？/ 98

65. 如何做好巾帼志愿服务？/ 99

66. 如何完善妇女之家和妇女微家的建设？/ 102

67. 如何建设社区家长学校并发挥积极作用？/ 105

68. 如何利用妇女维权站与信息服务站？/ 107

69. 怎样运用心理咨询室做好服务？/ 109

70. 怎样撰写项目申报书？/ 110

71. 如何做好资料的存档和使用？/ 113

72. 如何发挥妇女在生态文明建设中的作用？/ 114

73. 如何配合相关部门处置突发性事件？/ 116

74. 如何开展妇联信访工作？/ 118

75. 怎样争取资源做好妇女儿童工作？/ 120

76. 怎样参与反对家庭暴力的宣传和行动？/ 121

77. 怎样帮扶城市异地务工人员中的困境妇女？/ 125

78. 如何帮扶单亲困难家庭？/ 127

79. 如何进行家事调解？/ 128

80. 如何利用小额贷款帮助妇女创业就业？/ 129

81. 如何倡导移风易俗办大事？/ 131

82. 如何做好妇女法治宣传教育工作？/ 133

83. 如何配合相关部门做好"两癌"筛查工作？/ 135
84. 如何关爱农村留守儿童？/ 137
85. 如何开展儿童友好社区的建设？/ 138
86. 如何助力妇女实现增收致富？/ 140
87. 如何维护农村外嫁女的合法权益？/ 141
88. 如何开展儿童性健康教育工作？/ 144
89. 如何利用家庭力量做好社区治理？/ 147
90. 怎样增强基层群众的文化自信？/ 150
91. 怎样组织婚恋交友活动？/ 151
92. 怎样组织基层读书活动？/ 152
93. 如何鼓励夫妻共同依法带娃？/ 154
94. 如何做好低幼儿童的家庭教育？/ 156
95. 怎样组织群众性的体育活动？/ 157
96. 如何开展寻找"最美家庭"的活动？/ 159
97. 如何开展适老化服务？/ 162
98. 如何开展妇女议事活动？/ 164
99. 如何参加竞争上岗的演讲？/ 166
100. 如何建立妇联执委工作室？/ 168

附编 执委案例编

1. 组织动员助发展——戴执委/ 171
2. 积极宣传聚人心——梁执委/ 173
3. 自家门口种金山——江执委/ 174

4. 兰花绽放亮名片——严执委 / 174
5. 依法调解抓治理——许执委 / 175
6. 各方助力促振兴——黄执委 / 176
7. 科学治理见成效——刘执委 / 177
8. 借助网络助提升——曾执委 / 178
9. 群防群治有担当——时执委 / 179
10. 专解难题化风险——黎执委 / 180
11. 求真务实办好事——柯执委 / 181
12. 退伍军人好帮手——雷执委 / 183
13. 调解专家热心肠——区执委 / 184
14. 协同育人促文明——唐执委 / 185
15. 敢为人先有创新——张执委 / 186
16. 热心关爱见成效——肖执委 / 186
17. 用爱用心做服务——李执委 / 187
18. 重视培养育人才——杨执委 / 188
19. 保驾护航抗疫情——廖执委 / 189
20. 家风家教好传承——王委员 / 190

后　记 / 192

上编
基础知识编

1. 妇联是什么性质的组织？

说到妇联，几乎所有人都不陌生。但是如果你对公众做个采访或网络问卷调查，可能没几个人能准确地说清楚妇联是个什么组织、做什么的。听到的回答有："妇联是管两口子吵架的""妇联是维护妇女权益的""妇联是帮妇女找工作的""妇联是在'三八'妇女节组织活动的"，这都不错，但实际上妇联工作远不止这些。作为一个正式的群团组织，妇联工作是有章可循的，《中华全国妇女联合会章程》开篇就对妇联的性质做了表述："中华全国妇女联合会是全国各族各界妇女为争取进一步解放与发展而联合起来的群团组织，是中国共产党领导下的人民团体，是党和政府联系妇女群众的桥梁和纽带，是国家政权的重要社会支柱。"我们可从以下四个方面概括妇联的性质：

第一，妇联是全国各族各界妇女联合起来的群众团体组织。

第二，妇联是中国共产党领导下的人民团体，各项工作始终坚持党的领导。

第三，妇联是党和政府联系妇女群众的桥梁和纽带，起到上传下达和组织协调的作用。

第四，妇联是国家政权的重要社会支柱。各级妇联干部和执委要不忘初心、牢记使命，全心全意为广大妇女儿童服务。

2．妇联的会徽和会旗是什么样的？

《中华全国妇女联合会章程》对妇联的会徽和会旗做了以下规定：

第四十三条　中华全国妇女联合会会徽为圆形，由汉字"女"和英文"WOMAN"的第一个字母"W"经艺术造型构成，象征着中华全国妇女联合会和中国妇女的进步、发展，象征着中国妇女和各国妇女的友谊、团结。

第四十四条　中华全国妇女联合会会旗的旗面为红色，左上角缀有黄色会徽。

会徽和会旗是妇联的象征和标志，妇联的办公地点、活动场所、会场都可使用，各级妇联组织活动也可使用。妇联的宣传品可印上会徽，也可制作徽章佩戴。无论在什么地方使用，一定要注重规范化和严肃性。

基层妇联执委的巾帼志愿服务队，经常穿上印有妇联会徽的背心，显示了只要有妇女群众的地方，就有妇联组织的存在。

3．妇联的组织架构是怎样的？

妇联组织遍布全国各地，延伸到基层所有的乡村和社区。妇联的地方和基层组织接受同级党组织和上级妇联双重领导，各级妇联上下联动、紧密互动，编织出一个巨大且缜密的网络，在维护妇女儿童合法权益、服务广大妇女儿童方面发挥积极的作用。妇联组织架构有：

一是六级妇联。

第一级，全国妇联。全国妇女代表大会和它所产生的中华全国妇女联合会执行委员会。执委会的职权：讨论、决定全国妇女运动方针、任务及重大事项；听取、审议和批准中华全国妇女联合会执行委员会的工作报告；修改《中华全国妇女联合会章程》；选举中华全国妇女联合会执行委员会。全国妇联办公地点设在北京长安街，是一栋宏伟的半圆形建筑，地址为北京市东城区建国门内大街15号。

第二级，省级妇联。省、自治区、直辖市设置的妇联组织，是地方各级妇女代表大会和由它选举产生的执行委员会构成的组织，办公地点设在各省省会、自治区首府所在地。

第三级，地、市级妇联。包括设区的市和自治州的妇联组织。

第四级，县（旗）、自治县、不设区的市和市辖区的妇联组织。

第五级，街道、乡镇的妇联组织。

第六级，行政村、社区，机关和事业单位、社会组织等建立的妇联组织。

以上组织架构，第三级和第四级妇联统称为地方组织。其职权为：讨论、决定本地区的妇女工作任务；听取、审议和批准同级妇女联合会执行委员会的工作报告；选举同级妇女联合会的执行委员会。

第五级和第六级妇联统称为基层组织，是妇联与群众联系最密切、为最基层广大妇女儿童服务的组织。

二是妇女（工作）委员会。

各级机关和事业单位、社会组织中成立的妇女委员会或妇女工作委员会，简称"妇委会"，由本单位妇女大会或妇女代表大会选举产生，每届任期三至五年。负责本单位与妇女相关的工作，维护本单位女职工合法权益。

三是团体会员。

各级企业由工会成立女职工委员会，并成为妇联的团体会员。凡在民政部门注册登记的以女性为主体会员的各类为社会、为妇女服务的社会团体，经自愿申请都可成为妇联的团体会员。

一些自然村建立了妇女小组，选出了妇女小组长，她们是村妇联执委，是直接服务妇女的工作者。村妇联执委打通了妇联联系基层妇女的"最后一米"。

4．基层妇联组织领导机制是怎样的？

基层妇联是指导乡镇、街道，行政村、社区，机关和事业单位、社会组织的妇联，其领导机制是怎样的呢？

乡镇、街道妇联的领导机构是乡镇妇女代表大会和其所产生的执行委员会组织。执委一般不少于25名，妇女代表大会每5年举行一次。执委会选举主席1名，专、兼职副主席若干名。主席一般由乡镇、街道党政班子中的女性成员兼任。妇女代表大会闭会期间领导机构是"执委会"，其成员简称"执委"，负责妇联日常工作，执委会议一般每年举行两次。

村（居）妇联设主席1名，副主席或兼职副主席若干名，执委一般不少于11名。主席一般由村（居）"两委"女性成员担任；村（居）妇联兼职副主席或执委人选，包括自然村妇女小组长、社区女性网格员、楼栋长和业委会女性成员，村（居）增收致富带头人、文明新风带头人、巾帼志愿者、女性兴趣活动小组带头人、公益事业热心人、"两新组织"女性负责人和群众公认的优秀女性等。村（居）妇女代表大会在同级党组织领导下召开，每5年举行一次。

5．基层妇联主要承担什么任务？

基层妇联与群众联系最密切，其工作任务主要有：

第一，加强思想引领。组织广大基层妇女培育和践行社会主义核心价值观，开展中国特色社会主义理论的学习和宣传。

加强党史、新中国史、改革开放史、社会主义发展史、中华民族发展史的常态化教育。加强爱国主义、集体主义、社会主义教育。促进妇女坚定理想信念，不断厚植爱国情怀，把个人理想融入党和国家事业大局中，加强思想道德和民主法治教育，引导妇女树立自尊、自信、自立、自强的精神。

第二，引导妇女参与基层治理。引导广大妇女积极有序地参与基层民主管理和基层民主协商。建立完善妇女议事会，开展协商活动，参与村务决策，发挥民主参与、民主管理、民主监督作用，推进基层民主建设。

第三，维护妇女儿童合法权益。依法治村、依法治居。宣传普及有关妇女儿童的法律法规，引导妇女合理表达利益诉求，依法维护自身权益。抵制封建迷信、陈规陋习和违法违规的宗教活动，反对邪教。配合有关部门打击拐卖妇女儿童、嫖娼、卖淫、赌博、吸毒等违法犯罪行为，预防和制止家庭暴力，预防和防止性侵害，为受侵害的妇女儿童提供帮助。

第四，推动家庭家教家风建设。开展文明家庭创建、寻找"最美家庭"等活动，普及科学知识、环境保护、妇幼卫生保健和优生优育优教等知识。推进移风易俗，倡导厉行节约、反对浪费。指导和推进家庭教育，倡导文明、健康、科学的生活方式。组织妇女参加各种教育学习，提高妇女的综合素质。

第五，关爱弱势妇女儿童群体。对农村留守和城市流动家庭中的妇女儿童、困境和特殊群体的家庭给予特别关注，对弱势女性和家庭给予物质关心和精神安慰。

第六，协助组织部门发现、培养、推荐优秀女干部。协助党组织做好培养、推荐妇女入党积极分子和培养基层优秀女干部工作，推动村（居）妇联主席和优秀女性进入村（居）"两委"，成为培养输送女干部的重要基地。

第七，加强网上妇联建设。利用线上线下"妇女之家""妇女微家"等阵地，宣传党的方针政策，反映妇女心声，特别注重宣传与妇女儿童有关的法律法规，维护妇女儿童的合法权益。

6. 基层妇女代表和执委是怎样产生的？

基层妇女代表和执委产生的程序：

第一，妇女代表的产生。

一是确定选举方案，基层妇联执委会根据妇联章程确定基层妇女代表大会的代表名额及产生办法。代表名额分配原则是按照各地年满18周岁的妇女人口比例进行分配，适当考虑政治、经济、文化发展情况和工作需要，照顾少数民族地区。各级妇女代表大会代表中，各族各界、各行各业劳动妇女和知识女性中的优秀代表占总数的60%以上。

二是确定代表人选，根据代表条件，自下而上通过选举或协商推荐确定，报基层妇女代表大会组织机构审核，基层妇女代表大会成立的代表资格审查委员会或代表资格审查小组对人选进行审查，提出代表资格审查报告，经大会或大会主席团审议通过的代表，获得正式资格。

第二，执委的产生。

一是确定选举方案，由各级妇联执委会确定同级执委人数、组成分配方案及其产生办法。执委的分配原则是按照各地区、各部门的妇女人口比例进行分配，适当考虑政治、经济、文化发展情况和工作需要，照顾少数民族地区。

二是确定执委候选人，严格按照执委条件，通过自下而上协商推荐确定，报同级妇联领导机构审核，经妇女代表大会代表充分酝酿讨论，提交大会主席团审议通过，确定执委候选人名单，参加正式选举。

三是明确执委要求，执委从妇女代表中产生。要求：中国国籍，年满18周岁、享有公民权的女性；思想好、品德好、身体好；年龄不超过法定退休年龄，新推荐人选在年龄上原则能干满一届；对妇女儿童事业具有高度事业心和责任感，勤奋敬业，在本行业、本领域拥有较高知名度和影响力；具有较强的参政议政能力和群众工作能力；能全心全意为群众办实事，解难事，维护妇女儿童权益，致力于推动男女平等。

四是由各级妇女代表大会选举执委，可采取候选人数多于应选人数的差额直接选举，也可采取差额选举预选，差额比例一般不低于5%，符合条件的执委可连选连任。

通过选举产生的基层妇联执委绝大多数为兼职，职业身份有女公务员、女教师、女医生、女企业家、女能手、女文艺工作者、女司法人员、无职业的优秀女性等，符合执委条件，有心为妇女群众服务，都可以成为执委。

7. 执委参加妇女代表大会时有哪些职责？

乡镇和村（居）妇女代表大会每5年举行一次，与同级党组织换届同步进行。担任执委要做哪些工作呢？

第一，会前准备。认真学习妇联的相关文件，特别是《中华全国妇女联合会章程》，了解妇联基本知识和对执委的工作要求。会务准备，如代表签到、会场安排、媒体报道等具体工作要积极参与其中。

第二，会中配合。代表大会的流程有：审议、听取本届妇联工作报告；审议妇联新一届委员候选人名单；审议大会选举办法；召开选举大会，确认新一届执行委员会名单；审议新一届妇联选举办法；选举新一届主席、副主席，讨论对新一届妇联工作的建议等。这些工作是一个严谨的流程，缺一不可，执委要认真履行职责。

第三，会后宣传。妇女代表大会召开后，要有新闻报道和宣传，无论是接受采访还是协助宣传，都要认真履行职责，让群众知道本届妇联的人选、工作和服务内容。

8. 基层妇联执委有哪些日常工作？

执行委员，顾名思义，就是"执行"各级妇联布置的工作，主要有：

第一，执行与参与各项活动。妇联每年都有重点工作或活动，如学习培训、调研、考察、慰问、帮扶、联谊、志愿服务等活动，特别是每年"三八""六一""九九"等节点，妇联是主要的组织者和倡导者，要积极参与并成为组织的主体。

第二，联系与沟通妇女群众。基层执委最了解妇女群众的需求和问题，要善于收集意见，及时向有关部门报告和反映。建立联系制度，定期走访调查，了解群众心声。可建立"联系群""朋友圈"，做到对本辖区妇女群众底数清、情况明、关系好，真正实现"一呼百应"。

第三，担责与主动作为。妇联工作涉及千家万户，看起来是琐碎事，实际上关联着国家稳定、社会和谐与家庭和睦。每位执委应做好千家万户的事，千家万户的事就是国之大事。执委们要有情怀、有责任，积极建言献策，主动担当作为，在组织引领妇女群众、维护妇女儿童合法权益、带领妇女群众创新创业、树立家庭文明新风方面做好服务。

9. 妇女儿童工作委员会是什么组织？

妇女儿童工作委员会是政府负责和管理妇女儿童事务的议事协调机构，国家层面设置国务院妇女儿童工作委员会，简称"国务院妇儿工委"，是国务院负责妇女儿童工作的议事协调机构。

国务院妇儿工委的基本职能有：协调和推动政府有关部门做好维护妇女儿童权益工作；协调和推动政府有关部门制定和实施妇女和儿童发展纲要；协调和推动政府有关部门为开展妇女儿童工作和发展妇女儿童事业提供必要的人力、财力、物力；指导、督促和检查各省、自治区、直辖市人民政府妇女儿童工作委员会的工作。

国务院妇儿工委的成员单位有35个，包括：中央宣传部、中央网信办、外交部、国家发展改革委、教育部、科技部、工业和信息化部、国家民委、公安部、民政部、司法部、财政部、人力资源和社会保障部、自然资源部、生态环境部、住房和城乡建设部、交通运输部、水利部、农业农村部、商务部、文化和旅游部、国家卫生健康委、应急部、市场监管总局、广电总局、体育总局、国家统计局、国家医保局、国家乡村振兴局、全国总工会、共青团中央、全国妇联、中国残联、中国科协、中国关工委。这些成员单位在国务院妇儿工委的协调下，共同为妇女儿童事业的发展和解决妇女儿童的问题出力，国务院妇儿工委办公室是日常办事机构。

各省、自治区、直辖均有对应的妇女儿童工作委员会，各地妇儿工委办公室一般设在同级妇联。各地妇儿工委也有相应的成员单位，一般为30个至40个本地政府相关的部门，这些成员单位在各地妇儿工委的协调下，负责做好本地妇女儿童的各项工作，以推动《中国妇女发展纲要》和《中国儿童发展纲要》及本地《妇女发展规划》和《儿童发展规划》目标的监测与落实。

10. 妇联的"三性"和"四自"精神是什么？

妇联的"三性"即政治性、先进性、群众性。

政治性，即担负起引导广大妇女群众听党话、跟党走的政治责任，为党夯实执政的群众基础。

先进性，即始终坚持围绕中心、服务大局的主线，积极引领广大妇女做伟大事业的建设者、文明风尚的倡导者、敢于追梦的奋斗者。

群众性，即认真履行依法维权和服务妇女的重要职能，把党的关怀和温暖送到广大妇女群众中，不断增强妇女的获得感、幸福感和安全感。

"四自"精神是"自尊、自信、自立、自强"。1988年9月中国妇女第六次全国代表大会上，"四自"精神正式写入了《中华全国妇女联合会章程》。

自尊，即尊重自己的人格和尊严，反对自轻自贱；自信，即相信自己的力量，坚定信念，反对妄自菲薄；自立，即树立独立意识，体现个体的社会价值，反对依附顺从；自强，即顽强拼搏，奋发进取，反对自卑自弱。弘扬"四自"精神与培育和践行社会主义核心价值观的方向和目标是一致的，是贯穿妇女工作始终的重要理念。

11. 《中华人民共和国妇女权益保障法》的主要内容及相关法律法规有哪些？

《中华人民共和国妇女权益保障法》（以下简称《妇女权益保障法》）是保护妇女权益的专门性法律。1992年生效以来，于2005年、2018年和2022年做了3次修改。新修订的《妇女权益保障法》于2023年1月1日起施行。《妇女权益保障法》实施30年来，为我国妇女在政治、经济、文化、社会和家庭生活各方面权益的保障提供了法律依据，有效促进了我国男女平等的进程。

新修订的《妇女权益保障法》包括总则、政治权利、人身和人格权益、文化教育权益、劳动和社会保障权益、财产权益、婚姻家庭权益、救济措施、法律责任和附则共10章86条。

其主要内容概括为：

第一，强调坚持党对妇女工作的领导，全面贯彻落实男女平等基本国策。将妇女在政治的、经济的、文化的、社会的和家庭的生活等各方面的平等权益保障上升到了党的领导和国家层面。提出了政府主导、各方协同、社会参与的保障妇女权益工作机制，从而确保广大妇女平等参与社会生活、平等获得发展机遇、平等享有发展成果。

第二，对妇女各项权利保障做出了具体规定。

一是政治权利。妇女有权依法参与管理国家事务、经济和文化事业以及社会事务。各级人大代表要有适当数量的妇女代表。居民委员会、村民委员会要有适当数量的妇女。国家要积极培养和选拔女干部，各级妇联可向有关部门推荐女干部，并积极参与国家和社会事务的民主协商、民主决策、民主管理和民主监督。

二是人身和人格权益。保护妇女的生命权、身体权和健康权。强调了多项禁止事项：禁止非法拘禁和限制妇女的人身自由；禁止非法搜查妇女的身体；禁止用侮辱、诽谤等方式损害妇女的人格尊严；禁止虐待、遗弃、残害、买卖妇女的行为；禁止进行非医学需要的胎儿性别鉴定和选择性别的人工终止妊娠；禁止拐卖、绑架妇女；禁止收买被拐卖、绑架的妇女；禁止阻碍解救被拐卖、绑架的妇女；禁止违背妇女意愿，以言语、文字、图像、肢体行为等方式对其实施性骚扰；禁止通过大众传播媒介或者其他方式贬低损害妇女人格；禁止以恋爱、交友为由或者在终止恋爱关系、离婚之后纠缠和骚扰妇女；禁止泄露和传播妇女隐私及个人信息等。同时，对妇女健康服务体系等做出了若干规定。

三是文化教育权益。父母或者其他监护人要履行保障适龄女性未成年人接受并完成义务教育的义务。政府和学校要保证适龄女性未成年人完成义务教育。各组织要保障妇女在入学、升学、授予学位、派出留学、就业指导和服务等方面享有与男子平等的权利，并不得以性别为由拒绝录取女性或者提高对女性的录取标准。各级部门要让妇女平等享有接受中高等教育的权利和机会，并做好扫除妇女文盲、半文盲工作。要健全终身学习体系，组织妇女接受职业教育和实用技术培训。保障妇女从事科学、技术、文学、艺术和其他文化活动的平等权益。

四是劳动和社会保障权益。完善就业保障政策措施，为妇女创造公平就业创业环境。规定了多个"不得"：用人单位在招录（聘）中，不得限定为男性或规定男性优先；不得询问或调查女性求职者的婚育情况；不得将妊娠测试作为入职体检项目；不得将限制结婚、生育或者婚姻、生育状况作为录（聘）用条件；不得规定限制女职工结婚、生育等内容。对女性怀孕及产假要依法保护。加强对贫困妇女、老龄妇女、残疾妇女等困难妇女的权益保障。

五是财产权益。在夫妻共同财产、家庭共有财产关系中，不得侵害妇女权益。妇女在农村集体经济中的身份确认、土地承包经营、集体经济组织收益分配、土地征收补偿安置或者征用补偿以及宅基地使用等方面，享有与男子平等的权利。申请农村土地承包经营权、宅基地使用权等不动产登记，应当在不动产登记簿和权属证书上将享有权利的妇女等家庭成员全部列明。征收补偿安置或征用补偿协议应当将享有相关权益的妇女列入，并记载权益内容。村民自治章程、村规民约，村民会议、村民代表会议的决定以及其他涉及村民利益事项的决定，不得以妇女未婚、结婚、离婚、丧偶、户无男性等为由，侵害妇女在农村集体经济组织中的各项权益。因结婚男方到女方住所落户的，男方和子女享有平等的权益。继承权男女平等，丧偶妇女有权依法处分继承的财产，丧偶儿媳对公婆尽了主要赡养义务的，作为第一顺序继承人，其继承权不受子女代位继承的影响。

六是婚姻家庭权益。禁止干涉妇女结婚、离婚自由。相关部门鼓励婚前医学检查，并引导当事人建立平等、和睦、文明的婚姻家庭关系。禁止对妇女实施家庭暴力。离婚诉讼期间，不得隐藏、转移、变卖、损毁、挥霍夫妻共同财产，否则法院对该方可以少分或者不分财产。强调夫妻双方共同负担家庭义务，共同照顾家庭生活，双方对未成年子女享有平等的监护权。女方因负担较多家庭义务的，有权在离婚时要求男方予以补偿。父亲死亡或不能担任未成年子女的监护人的，任何组织和个人不得干涉母亲的监护权。女方丧失生育能力的，在离婚处理子女抚养问题时，应当在最有利于未成年子女的条件下，优先考虑女方的抚养要求。

第三，提出了救济措施和法律责任。

一是在救济措施中，提出对侵害妇女合法权益的行为，任何组织和个人都有权予以劝阻、制止或者向有关部门提出控告及检举。对妇女的合法权益受到侵害的，对妇女在农村集体经济组织成员身份确认等方面权益受侵害的，对妇女平等就业权益受侵害的，对有关单位未制止性骚扰的，对媒介等贬低损害妇女人格的等情况，妇联、政府、法院等要给予帮助救济并处置。乡镇人民政府要对村民自治章程、村规民约、村民会议、村民代表会议的决定以及其他涉及村民利益事项的决定进行指导。

二是在法律责任中，提出对妇女实施性骚扰的，对就业歧视的，对大众传播媒介或者其他方式贬低损害妇女人格的，对打击报复的，对侵害妇女人身和人格权益、文化教育权益、劳动和社会保障权益、财产权益以及婚姻家庭权益等的，要依法责令改正，并负有相应的法律责任。

除了《妇女权益保障法》之外，我国目前还建立了包括100多部法律法规在内的全面保障妇女权益法律体系。有专门法如《中华人民共和国母婴保健法》《女职工劳动保护特别规定》《全国人大常委会关于严惩拐卖、绑架妇女、儿童的犯罪分子的决定》《中华人民共和国家庭教育促进法》等；有含有保护妇女权益条款的法如《中华人民共和国宪法》《中华人民共和国民法典》《中华人民共和国反家庭暴力法》《中华人民共和国全国人民代表大会和地方各级人民代表大会选举法》《中华人民共和国全民所有制工业企业法》《中华人民共和国义务教育法》《中华人民共和国监狱法》《中华人民共和国治安管理处罚法》等。此外，各地还制定了相应的地方性法律和法规，如《北京市实施〈中华人民共和国妇女权益保障法〉办法》《上海市妇女儿童保护条例》《江苏省妇女权益保障条例》等，执委可以根据本地的具体规定学习相关的法律条文并在实践中运用。

12. 什么是《中国妇女发展纲要》和《中国儿童发展纲要》？

《中国妇女发展纲要》和《中国儿童发展纲要》是由国务院妇女儿童工作委员会参与制定、国务院正式颁布，党和国家高度重视妇女和儿童事业发展制定的纲领性文件，简称"两纲"。从1995年开始，我国先后制定了四个周期的"两纲"，有力改善了我国妇女和儿童生存与发展的社会环境，维护了妇女的合法权益，促进了男女平等基本国策的贯彻与落实，推动了妇女和儿童事业全面进步。

2021年9月27日，国务院印发了新一轮《中国妇女发展纲要（2021—2030年）》。新纲围绕妇女与健康、妇女与教育、妇女与经济、妇女参与决策和管理、妇女与社会保障、妇女与家庭建设、妇女与环境、妇女与法律8个领域，提出了75项主要目标和93项策略措施，是今后10年指导妇女发展的纲领性文件，新纲增加了"妇女与家庭建设"的领域。

新一轮妇女发展纲要总体目标是，到2030年，男女平等基本国策得到深入贯彻落实，促进男女平等和妇女全面发展的制度机制创新完善；妇女平等享有全方位全生命周期健康服务，健康水平持续提升；妇女平等享有受教育权利，素质能力持续提高；妇女平等享有经济权益，经济地位稳步提升；妇女平等享有政治权利，参与国家和经济文化社会事务管理的水平逐步提高；妇女平等享有多层次可持续的社会保障，待遇水平稳步提高；支持家庭发展的法规政策体系更加完善，社会主义家庭文明新风尚广泛弘扬；男女平等理念更加深入人心，妇女发展环境更为优化；法治体系更加健全，妇女合法权益得到切实保障；妇女的获得感、幸福感、安全感显著提升。展望2035年，与国家基本实现社会主义现代化相适应，男女平等和妇女全面发展取得更为明显的实质性进展，妇女更好地担负起新时代赋予的光荣使命，为实现中华民族伟大复兴的中国梦而不懈奋斗。

《中国儿童发展纲要（2021—2030年）》围绕儿童与健康、儿童与安全、儿童与教育、儿童与福利、儿童与家庭、儿童与环境、儿童与法律保护7个领域，提出了70项主要目标和89项策略措施。其中，"儿童与安全""儿童与家庭"为新增的两个领域。

儿童纲要的总体目标是，到2030年，保障儿童权利的法律法规政策体系更加健全，促进儿童发展的工作机制更加完善，儿童优先的社会风尚普遍形成，城乡、区域、群体之间的儿童发展差距明显缩小；儿童享有更加均等和可及的基本公共服务，享有更加普惠和优越的福利保障，享有更加和谐友好的家庭和社会环境；儿童在健康、安全、教育、福利、家庭、环境、法律保护等领域的权利进一步实现，思想道德素养和全面发展水平显著提升，获得感、幸福感、安全感明显增强。展望2035年，与国家基本实现社会主义现代化相适应，儿童优先原则全面贯彻，儿童全面发展取得更为明显的实质性进展，广大儿童成长为建设社会主义现代化强国、担当民族复兴大任的时代新人。

两个纲要从完善实施工作机制、健全目标管理责任制、加强监测评估等方面提出了组织和实施要求。

13. 基层妇联如何配合"两纲"的落实？

"两纲"提出了党委领导、政府主责、妇儿工委协调、多部门合作、全社会参与的工作机制。国务院及地方各级人民政府负责纲要的实施工作，各级妇儿工委负责组织、协调、指导、督促工作，各级妇儿工委办公室负责落实，各级成员单位结合自己的工作职责，承担相关目标任务。

除了国家的"两纲"外，各省、市、县（区）依照国家"两纲"的主要指标，制定本地区《妇女发展规划》和《儿童发展规划》。各基层妇联都有落实"两纲"和本地两个规划的职责，承担具体的工作任务。

第一，认真学习国家"两纲"和本地"两个规划"的内容，明确国家关于妇女儿童发展的指标体系和本地区提出的具体目标和量化要求，增强工作责任感，推动"两纲"实施。

第二，对标"两纲"目标要求，突出重难点领域，结合规划纲要具体内容和基层实际情况完成相关指标。基层妇女儿童工作要聚焦妇女的政治参与、经济发展、健康发展、未成年人的保护、就业性别歧视、家庭暴力、留守儿童关爱、家庭和谐等社会高度关注、妇女儿童关切的热点和难点问题，并按指标要求完成相关的监测和评估工作。

第三，坚持做好工作记录和台账。"两纲"实施时间是10年，每年要有相关的数据统计监测，5年要有中期数据监测评估，10年要有终期统计监测评估。基层妇联要根据规划的具体内容和要求，做好工作记录并督促成员单位共同做好统计数据，在中期数据监测评估和终期统计监测评估时，反映出本地区妇女儿童的真实情况和发展状况。

14. 什么是马克思主义妇女观？

马克思主义妇女观是运用历史唯物主义和辩证唯物主义的世界观、方法论，对妇女社会地位的演变、妇女的社会作用、妇女的社会权利和妇女争取解放的途径等基本问题做出科学分析和概括的理论，具体可以概括为：

第一，妇女被压迫是人类历史发展一定阶段的社会现象，它必将被新的历史条件下的男女平等所代替。

第二,妇女解放的程度是衡量普遍解放的天然尺度。妇女解放将伴随全体被剥削被压迫人民的阶级解放而得到实现。

第三,参加社会劳动是妇女解放的一个重要先决条件。人们在社会和家庭中的地位,归根结底是由人们在社会生产中的地位决定的。

第四,妇女解放是一个长期的历史过程。从法律上的男女平等到事实上的男女平等,任务仍十分艰巨,需要各方面共同努力争取。

第五,妇女在创造人类文明、推动社会发展中具有伟大作用。妇女与男子同是人类历史前进的推动者,同是社会物质文明和精神文明的创造者。尊重妇女、保护妇女是社会进步的重要标志,是文明社会应有的法律规范和道德风尚。

15. 什么是男女平等?

《中华人民共和国宪法》明确规定了男女平等的基本原则:"中华人民共和国妇女在政治的、经济的、文化的、社会的和家庭的生活等各方面享有同男子平等的权利。"怎样理解"男女平等"这一概念呢?

1975年第一次世界妇女大会通过的《墨西哥宣言》指出:"男女平等,是指男女的尊严和价值的平等,以及男女权利、机会和责任的平等。"结合中国国情,可以从以下四个方面概括男女平等的基本内涵:

第一,男女权利平等。权利平等是指法律制度层面的平等。我国《中华人民共和国宪法》规定男女在政治、经济、文化、家庭和社会生活各方面享有平等的权利。各种法律法规对男女平等的要求和规定也是权利平等的内容。

第二,男女机会平等。机会平等是指男女两性在各个领域、各项事务上具有平等的参与机会和参与资格。机会是基于社会性别平等基础上,而不是根据男女两性生理性别来判断机会的。要在充分赋权的基础上,给予男女两性平等选择的机会。

第三,男女责任平等。责任平等是指男女两性共同承担着与权利相应的责任。如平等承担国家责任、社会责任、工作责任、家庭责任和个人责任等。

第四,男女享受的结果平等。权利平等是前提,机会平等是途径,责任平等是实践,结果平等是目的。只有当权利平等和机会平等带来结果的差异缩小到可以忽略不计时,实际生活中的男女平等才能真正得以实现。

16. 男女平等基本国策的内涵是什么?

1995年9月在北京召开的联合国第四次世界妇女大会上,中国政府向世界作出承诺,把男女平等作为促进我国社会发展的一项基本国策。党的十八大、党的十九大和党的二十大都将"坚持男女平等基本国策,保障妇女儿童合法权益"写进报告中,男女平等成为社会主义核心价值体系的重要组成部分。

男女平等基本国策的核心要义是什么呢？

第一，尊重妇女的主体地位。重视和发挥妇女在政治、经济、社会、文化发展中的主体地位和作用，推动妇女与经济社会同步发展。

第二，注重差异化平等。男女有别，主要是指生理上的不同，生理差别和传统性别文化的局限，导致了男女两性的社会性别差异。在承认男女现实差异的前提下，倡导男女两性的权利、机会和结果的实质性平等。国家在出台法律、制定政策、编制规划、部署工作时要充分考虑男女两性的现实差异和妇女的特殊利益，避免性别刻板印象影响实质性的公平。

第三，体现社会主义核心价值观。社会主义核心价值观的"平等"理念，就包括了人人平等。从法律、政策和社会实践各方面消除对妇女一切形式的歧视，构建以男女平等为核心的先进性别文化，是社会主义核心价值观的题中应有之义。

第四，规范所有政策和规则。《中华人民共和国宪法》作为根本大法，其男女平等的基本原则应成为各类法律法规、地方政策、村规民约制定的准则，无论哪个法律法规，都不能违背《中华人民共和国宪法》中男女平等的基本原则。

17．什么是性别平等主流化？

1995年在北京召开的第四次世界妇女大会提出了一个重要的概念，将社会性别意识纳入决策主流，也叫"性别平等主流化"，这里涉及一个概念，即"社会性别"。

社会性别与生理性别不一样，生理性别是由染色体造成的，男性为XX，女性为XY，是决定人的生理器官的性别属性。社会性别是指社会文化对性别的评价，社会性别平等是指所有人，无论男女，都可以不受生理性别限制，自由发展个人能力并自由做出选择。社会性别平等并不意味着女性和男性必须变得一模一样，而是说他们的权利、责任和机遇并不由他们的生理性别来决定。

性别平等主流化，就是社会性别平等这一理念进入各个政策领域，从立法、制度、方案确定等层面，都要用性别平等的理念来设计、监督和评判。这一理论对基层妇联来说，有着特别重要的意义。几千年封建传统男尊女卑的观念，会在各方面反映出来，重男轻女、男强女弱、男主外女主内等男权主义观念不仅限制了女性发展，同时也给男性带来了压力。学习性别平等理论，让性别平等主流化进入基层民主政治、经济发展、文化理念、社会管理等多方面，会让性别平等成为全社会共同遵循的价值理念和行为规范，是社会进步的重要标志。

18. 什么是妇女之家？

根据《中华全国妇女联合会章程》"加强妇女之家建设"的任务要求，为了让"哪里有妇女，哪里就有妇女组织"的工作落实到位，全国妇联贯彻落实党群共建活动要求，大力推动妇联基层组织的创新发展，全面部署基层农村和城市社区"妇女之家"的建设，以及"新领域、新业态、新阶层、新群体"

的"四新"领域妇女之家建设。妇女之家建设和活动基本要求有哪些呢？

第一，有固定活动场所和办公设备。可依托基层现有的办公场所，可专场专用，也可一场多用，实现统一挂牌。最好配有电脑、电视、桌椅、书架和书籍等，并配备工作宣传栏，具有"家"的基本形态。

第二，有坚强的团队。配备妇女之家的专职和兼职工作人员，妇联主席和执委担任妇女之家的服务人员，有条件的可争取配备公益岗位和社工人员。工作人员照片简历及工作分工可张贴在妇女之家内，让群众一看就明了。

第三，建立巾帼志愿者队伍。选聘政治文化素质高、热心妇女事业、具有一定专长的女性成为主要成员，联络一批教育、法律、科技、医疗卫生及心理咨询的人员成为妇女之家的骨干，成立妇女互助或志愿者服务小组，在妇女之家中服务。

第四，有健全的管理制度。如工作管理制度、信访维权制度、学习培训制度、活动制度等。相关制度可张贴在妇女之家的墙上，以便执行、检查和监督。

第五，有丰富多彩的活动。组织妇女开展生产、生活、心理等方面的活动和志愿服务，开展符合妇女需求的培训，如帮助妇女就业，关爱弱势妇女，家庭文明建设等。可围绕维权工作、敬老爱亲、科学教子、健康生活、环境保护、文化娱乐等开展具有一定影响力的大型活动，让妇女真正感受到"家"的温暖。

"妇女之家"如今已成为妇联的品牌，建好"家"，用好

"家"，服务好"家"，成为各基层妇联的工作重点。

19．什么是网上妇联？

网上妇联是全国妇联因时因势创新工作方法，通过互联网打造的联系妇女群众的网络基地，是联系、引导、服务妇女群众的重要渠道。从全国妇联到村级的六级妇联，通过微博、微信、短视频等网络平台带动广大妇女通过网络开展理论学习、价值观培育、综合素养提升、创业创新等活动，将网络打造成凝聚妇女思想共识的新阵地。

如全国妇联的"女性之声"，开通了集通讯发布、社交互动、网上服务于一体的官方微博、微信公众号和移动客户端，建立了"女性之声"的头条号、网易号、企鹅号、一点号等传播平台等。将31个省、自治区、直辖市和新疆生产建设兵团妇联的官方微信公众号、300多个地市级的官方微信公众号纳入全国妇联"女性之声"的官方微信公众号，使全国妇联"女性之声"的服务中心、儿童活动中心等多个直属单位的微信公众号融合组成微信家族的庞大矩阵，做到全覆盖服务。

再如天津市妇联通过"屏对屏"活动，以播放视频短片、现场连线、人物访谈等方式，在网上推出《同心抗疫　致敬最美巾帼红》网络特别节目，累计点击量超260万人次；河北省妇联以"云"过节的方式，在纪念"三八"国际劳动妇女节活动中，展示"最美的国　奋斗的我"，在多个融媒体上转载，展示了巾帼力量；福建省妇联通过"悦读·家"的"妇字号"

品牌，唱响了"相伴同悦读 共抒家国情"的主题；西藏自治区妇联针对农牧区妇女的特点，开办了藏语"阿佳讲堂"直播栏目，以"主持人+嘉宾+粉丝互动"的形式，宣传卫生、健康、家庭教育知识，实现了妇女群众一机在手，妇联在身边，足不出户，服务能到家的效果。

网上妇联会聚了大批女网民、女版主和各类网络女性社团负责人、公益活动名人、女记者、女医生等，也让妇女群众通过网络汇集力量组织各项活动，找到归属感，大大增强了妇联凝聚力。

20. 关于家庭的"三个注重"是什么？

"三个注重"即"注重家庭、注重家教、注重家风"，出自习近平总书记在2015年春节团拜会上的讲话，习近平总书记指出："家庭是社会的基本细胞，是人生的第一所学校。不论时代发生多大变化，不论生活格局发生多大变化，我们都要重视家庭建设，注重家庭、注重家教、注重家风"。"三个注重"将家庭文明建设提到了治国理政的高度。党的二十大首次将"弘扬中华传统美德，加强家庭家教家风建设，加强和改进未成年人思想道德建设，推动明大德、守公德、严私德，提高人民道德水准和文明素养"写进报告中，值得人们关注。

注重家庭，就是要积极营造夫妻和睦、幼有所教、老有所养的良好家庭环境，以家庭和睦促进社会和谐，正所谓"家和万事兴"。

注重家教，就是要建好家庭这个人生的第一所学校，培养家长这个第一任老师。通过家长的言传身教、身体力行，教育引导下一代树立良好的道德品格，培育良好的行为习惯，帮助孩子扣好人生第一粒纽扣，迈好人生第一个台阶。

注重家风，就是通过好家风滋养家庭成员的精神、约束家庭成员的行为。把好家风作为影响民风、连着政风、关系党风的重要抓手。把立德树人作为好家风的核心内容，让每位家庭成员将社会主义核心价值观牢记在心里，落实到行动上。

家庭、家教、家风三者有机统一、紧密相连。家是最小国，国是千万家，家庭和睦，社会才和谐；家教良好，未来才有希望；家风纯正，民风、政风和党风才会风清气正。

2021年3月，中央文献出版社出版发行了《习近平关于注重家庭家教家风建设论述摘编》一书，这本书是新时代家庭教育的重要指导和根本遵循，全书分七个专题，把"三个注重"解读得特别透彻：一是努力使家庭成为国家发展、民族进步、社会和谐的重要基点；二是中华民族历来重视家庭；三是家庭教育最重要的是品德教育；四是以千千万万家庭的好家风支撑起全社会的好风气；五是把家风建设作为领导干部作风建设重要内容；六是各级领导干部要严格要求亲属子女，过好亲情关；七是推动形成爱国爱家、相亲相爱、向上向善、共建共享的社会主义家庭文明新风尚。

这本关于家庭建设的重要文献，值得每位执委认真通读和学习，并向广大家庭推荐，将"三个注重"真正落实到基层妇联的工作实践中去。

21. 《全国家庭教育指导大纲》的主要内容有哪些？

《全国家庭教育指导大纲》（以下简称《大纲》）于2010年2月由全国妇联、教育部等部门颁布。2019年5月，全国妇联、教育部、中央文明办、民政部、文化和旅游部、国家卫生健康委员会、国家广播电视总局、中国科协、中国关工委等9部门再次发文，对《大纲》进行修订。

第一，《大纲》的四大原则。

一是思想性原则。遵循党的教育方针，以促进儿童全面健康成长为目标，以立德树人为根本任务，通过实施科学的家庭教育指导，推进家庭教育在培养德智体美劳全面发展的社会主义建设者和接班人中发挥重要的基础作用。

二是科学性原则。遵循家庭教育规律，为家长提供科学化、专业化、规范化的指导服务，家庭教育指导机构和指导者应具备相应的专业资质和能力。

三是儿童为本原则。尊重儿童身心发展规律和个体差异，设立适合儿童成长的必要条件，保护儿童各项权利，促进儿童自然、全面、充分、有个性发展。

四是家长主体原则。确立为家长服务、提供支持的观念，尊重家长意愿，坚持需求导向，调动家长参与的积极性。引导家长注重提升自身素质，注重家庭建设和良好家风传承，促进亲子互动共同提高。

第二，《大纲》分类指导，按照儿童不同年龄段的特点进行分类指导。

一是新婚期及孕期的家庭教育指导。指导备孕夫妇学习优生优育优教基本知识，为新生命诞生做好思想和物质准备。妥善处理好生育、抚养与家庭生活、职业发展的关系。

二是0—3岁儿童的家庭教育指导。提倡母乳喂养，按时为儿童预防接种，丰富儿童感知经验。提供言语示范，鼓励儿童之间的模仿和交流。增强安全意识，加强亲子陪伴，重视家庭各成员角色作用，做好入园准备。

三是3—6岁儿童的家庭教育指导。带领儿童感知家乡与祖国的美好，引导儿童关心、尊重他人，学会与同伴相处。培养儿童规则意识、安全意识和生活自理能力以及劳动意识，做好入学准备。

四是6—12岁儿童的家庭教育指导。培养儿童朴素的爱国情感，指导儿童写好中国字，说好中国话，提升儿童道德修养。培养儿童珍惜生命、尊重自然的意识，以及良好的学习习惯、健康的生活习惯、积极的劳动习惯和正确的消费意识。重视家校社协同教育，共创良好的育人环境。

五是12—15岁儿童的家庭教育指导。重视价值观教育和青春期人格发展教育，认识青春期儿童发展特征，尊重儿童的自主意愿，正确对待儿童的"叛逆"行为。增强儿童的学习动力，提高儿童的信息素养，指导儿童戒除网络沉溺行为。对儿童进行性教育和与异性交往的教育，构建良好的亲子关系，做好生涯规划指导。

六是15—18岁儿童的家庭教育指导。引导儿童树立国家意识，增强儿童的公民意识和社会责任感，培养儿童的法治观念，树立权利与义务相统一的观念。以性道德、性责任、性健康、预防和拒绝不安全性行为为重点开展性教育。正确处理个人与自我、个人与他人、个人与社会的关系。重视美育，形成文明健康的生活方式。尊重儿童对自身未来规划与发展的意愿。

第三，《大纲》对特殊儿童和家庭的指导。

一是对特殊家庭的家庭教育指导。其一，对离异和重组家庭的家庭教育指导，引导家长正确认识和处理婚姻存续与教养职责之间的关系；其二，对农村留守儿童的家庭教育指导，增强父母是家庭教育和儿童监护责任主体的意识，依法依规履行家长义务；其三，对流动人口家庭的家庭教育指导，要为儿童创造良好的生活环境；其四，对服刑人员家庭的教育指导，监护人要多关爱儿童，培养儿童的自尊心等。

二是对特殊儿童的家庭教育指导。其一，对智力障碍儿童的家庭教育指导，树立医教结合观念，拟订个别化医疗和教育训练计划，做到早期干预、早期治疗；其二，对听力障碍儿童的家庭教育指导，在专业人士协助下制订方案，发展儿童听力技能和语言交往技能；其三，对视觉障碍儿童的家庭教育指导，根据不同残障程度发展儿童的听觉和触觉，以耳代目、以手代目，提升缺陷补偿；其四，对肢体残障儿童的家庭教育指导，积极借助医学技术加强干预和矫正，使其降低残障程度；其五，对精神心理障碍儿童的家庭教育指导，营造良好的家庭氛围，给予儿童足够的关爱、沟通与交流；其六，对智优儿童的家庭教育指导，引导家长深入了解儿童的潜力与才能，因材施教，循序渐进开发儿童智力。

《大纲》是一个既科学又简单易懂易学的家庭教育指导参考，执委们不仅要认真学习，还可推荐给老师和广大家长，使家庭教育更科学化和规范化。

22．《中华人民共和国家庭教育促进法》的重要意义及主要内容？

《中华人民共和国家庭教育促进法》（以下简称《促进法》）于2022年1月1日开始实施，自此，我国家庭教育进入了"依法带娃"时代。

第一，《促进法》的意义，将家庭建设提到了法律高度，阐述了家庭教育的各种关系。

一是阐述了家庭教育的双重属性。家庭教育是关乎个人和家庭幸福的私家事，也是关乎国家和民族命运的国家事。

二是理顺了家庭教育的各种关系。父母或者其他监护人与未成年人构成法律关系，政府、学校、社会与家庭构成支持关系，公安司法机关与家庭构成干预关系。

三是明确了家庭教育的主体责任。将父母和其他监护人的家庭教育的"主体责任"落实到法律责任上。

四是对家庭教育进行了具体指导。从内容和方式上遵循成长规律，倡导科学的家庭教育，提升对所有家庭教育的基本要求。

第二，《促进法》的基本内容，共六章55条。以下概述：

第一章　总则

家庭教育的根本任务：立德树人。

家庭教育的主体：父母或者其他监护人对未成年人的教育。

家庭教育的主要内容：道德品质、身体素质、生活技能、文化修养、行为习惯。

家庭教育的六大要求：遵循规律、尊重人格、讲究方法、家校社结合、多样措施、政府等部门各司其职。

家庭教育的分工：国家支持、教育部门和妇联分工统筹，各部门协调参与。

第二章　家庭责任

教育定位：家庭是孩子的第一个课堂、家长是孩子的第一任老师。

家风传承：构建家庭美德，营造良好的家庭环境。

教育内容：爱党爱国、崇德向善、正确的成才观、身心健康、自我保护、热爱劳动。

教育方式：亲自养育、父母共伴、相机而教、言传身教、严慈相济、尊重差异、平等交流、相互促进等。

对家长的要求：加强学习、科学育儿、学习家教知识，提高教育能力。

分居或离异的家庭：父母分居或离异同样要履行家庭教育责任。

配合"双减"：合理安排儿童的学习、休息、娱乐和锻炼。

反对歧视：不得因性别、身体状况、智力等歧视儿童。

第三章　国家支持

国务院：加强宏观指导，制定并修改《全国家庭教育指导大纲》等。

省政府：建设信息化共享服务平台，开设公益性课程等。

县政府：加强监管，配合"双减"，建立家庭教育指导队伍，确定家庭教育指导机构，对家庭教育实行购买服务。

家教指导机构：加强指导、重视研究、加强队伍建设、注重培训和产品的研发、不得组织营利性的培训。

市县乡政府：为留守和困境儿童家庭建档立卡，做好关爱帮扶等工作。

其他部门：婚姻登记、收养、法院、妇联、民政、卫生、市场监管及各单位各司其职，共同承担家庭教育的职责。

个人服务：自然人、法人、非法人组织可以依法设立非营利性家庭教育服务机构。

第四章　社会协同

村（居）委会：设立社区家长学校为家庭提供服务。

中小学幼儿园：纳入计划，培训教师；建立家长学校，组织公益培训；讲课服务和实践，促进家校共育；为家庭教育服务站提供公益服务；发现未成年人违纪或不良行为，要与父母联系或按有关法律处理。

早教机构：提供科学养育指导和家庭教育指导。

医疗保健：做好婚前保健、孕产期、儿童保健等宣传指导。

公共服务机构：图书馆、博物馆、文化馆、纪念馆、美术馆、科技馆、体育场馆、青少年宫、儿童活动中心等公共文化服务机构和爱国主义教育基地定期开展公益性家教活动。广播、电视、报刊、互联网等新闻媒体宣传正确的家教理念，营造良好的社会氛围。

家庭教育服务机构：规范化管理，提高业务素质和教育能力。

第五章　法律责任

未成年人所在地和各单位：对不履行家庭教育责任的，予以批评教育、劝诫制止，必要时督促其家长接受家庭教育指导。

公检法：办案中根据情况予以训诫，并可责令接受家庭教育指导。

负有责任的政府部门和机构：不履行职责、滥用家教经费、滥用职权的责令改正或依法处分。

各协同机构：不履行职责，由主管部门责令改正或依法处分。

家教服务机构：未办理手续、超出业务范围产生不良后果、侵害合法权益的，由主管部门责令停业整顿或吊销执照。

父母和监护人：实施家暴的，依法追究法律责任。

第六章　附则

本法自2022年1月1日起施行。

第三，多方合作推动家庭教育科学化发展。

《促进法》自颁布以来，国家更注重从宏观上指导家庭教育，家长更注重依法带娃，学校更注重合理引导家庭教育，司法部门开始介入家庭教育，对不当的家庭教育发布了家庭教育令。作为基层妇联执委，不仅要懂得这部法的重要性，更要运用其中的法律知识，做好本村（居）家庭教育的指导和督促。

23．什么是三八红旗手？

全国三八红旗手标兵和三八红旗手（集体）是全国妇联授予优秀女性和女性集体的至高荣誉。旨在树立具有"四自"精神、政治坚定、品德高尚、爱岗敬业、开拓创新、勇创一流的优秀女性和女性群体典型，用榜样力量引领广大妇女为全面建设社会主义现代化新征程、实现中华民族伟大复兴而奋斗。2023年"三八"国际劳动妇女节期间，全国妇联表彰了多位全国三八红旗手标兵和多个三八红旗手（集体），并向广大妇女发出了"巾帼心向党　奋进新征程"的倡议。这项活动已经成为激励妇女为社会主义现代化建设做贡献的品牌活动。

三八红旗手有多个层次，从县区、地市到省级再到国家级。一般来说，三八红旗手申报是层层递进的，如评选为县级的才能申报市级，市级再上报省级。但也有特殊情况，如成绩特别优秀或有突出贡献的女性可直接成为国家级的三八红旗手。

全国三八红旗手申报的基本条件为：年满18周岁的中华人民共和国女性公民；坚持用习近平新时代中国特色社会主义思想武装头脑，增强"四个意识"，坚定"四个自信"，自觉做到"两个维护"；热爱党、热爱祖国、热爱社会主义，坚决拥护党的路线方针政策，模范遵守国家法律法规；自觉践行社会主义核心价值观，具有"自尊、自信、自立、自强"精神，品德高尚、甘于奉献；爱岗敬业、勇挑重担、奋发有为、锐意创新，在本职工作中创造出一流业绩、做出突出贡献；获得过省级三八红旗手，或全国城乡妇女岗位建功先进个人，或其他省部级荣誉，优先考虑《全国评比达标表彰保留项目目录》所列其他省部级单位授予的称号和专业奖项，以及在国家重大项目、突发事件、应急事件等急难险重任务中涌现出来的重大典型等。

24．什么是妇女创业担保贷款？

2009年，为帮助城乡妇女解决创业启动资金难问题，全国妇联与财政部、人力资源和社会保障部、人民银行联合下发了《关于完善小额担保贷款财政贴息政策 推动妇女创业就业工作的通知》，开展妇女小额担保贷款财政贴息工作。从2009年到2018年，全国累计发放鼓励女性创业的小额担保贷款3800多亿元，中央和地方落实财政贴息资金达到400多亿元。各地政府和妇联也组织了各种贴息资金，面向创业女性开展技能培训，提供专业技术支持和指导，带动了上千万城乡妇女创业创新。

各地具体政策措施有所差异，但基本遵照的是：自愿申请、依托妇联、基金担保、财政贴息等原则。贷款期限一般为1年至3年，贷款额度一般在5万元至30万元，贷款利率由财政直接补贴部分贴息资金，远低于市场贷款利息。有些地方还有特殊政策，如对妇女单户贷款额度原则上最高为10万元，对具有示范带动作用的基地、家庭农场等现代经营主体最高可贷30万元。运用有德者有得的原则，切实帮助优秀女性创业就业。

近几年，这个项目围绕"创业创新巾帼行动""巾帼脱贫行动""乡村振兴巾帼行动"的贷款提升了叠加效应，为女性致富带头人、女大学生、返乡创业农村妇女、女网络商户提供资金支持，帮助她们圆创业梦和幸福梦。特别是在支持"妇"字号龙头企业、巾帼专业合作社、家庭农场负责人参与的"一村一品、一镇一业"特色农业中起到了积极的作用，有效地带动了广大妇女创业就业。

25. 什么是巾帼行动？

巾帼行动包括"乡村振兴巾帼行动""创业创新巾帼行动"等一系列活动。

一是"乡村振兴巾帼行动"。"乡村振兴巾帼行动"是全国妇联为贯彻落实国家实施乡村振兴战略的重大决策部署，动员组织广大妇女为实现乡村全面振兴贡献巾帼力量，于2018年2月推出的一项促进农村妇女发展的行动。主要措施包括加强妇女思想引领、实施"农村妇女素质提升计划"、建设"美丽家园"等活动。

二是"创业创新巾帼行动"。"创业创新巾帼行动"是全国妇联于2015年6月起在广大城乡妇女中开展的创业创新行动。通过开展女性"双创"能力提升培训，举办各级各类妇女双创大赛，创建众创空间、孵化器、加速器、创业联盟等女性双创服务平台，引领广大妇女顺应"互联网+"的新趋势，在新时代中投身创业创新的实践，贡献巾帼力量。

三是"巾帼家政行动"。"巾帼家政行动"是全国妇联组织服务妇女就业、服务家庭育儿养老需求的行动。为帮助农村富余劳动力转移就业、城市下岗妇女再就业，全国各级妇联组织通过创办或扶持妇女创建家政服务机构或企业、为妇女提供家政技能培训、推荐就业岗位等方式，帮助城乡贫困妇女实现就业创业、增收致富。全国各级妇联创建、命名巾帼家政服务企业（机构）近2000个，培训基地近1000个，年培训妇女60多万人次，年安置50多万名妇女就业，诞生了如"山东大姐""陇原妹""好苏嫂""皖嫂""红杜鹃"等一大批巾帼家政服务品牌。

四是"巾帼志愿者行动"。全国妇联深入贯彻落实党中央关于广泛开展志愿服务关爱行动的部署，把"我为群众办实事"实践活动作为抓手，深入推动巾帼志愿服务关爱行动，各地积极开展文明实践、常态化关爱、应急等多种类型的巾帼志愿服务，以妇女、儿童和家庭民生改善的实际成效进一步密切党同人民的血肉联系。2023年将动员2400万名巾帼志愿者，35万支巾帼志愿服务队，持续聚焦困难妇女和"一老一小"等特殊群体并提供关爱服务。

随着时代的进步，巾帼行动还有多样的创新和发展，执委们可积极关注和参与。

26. 什么是"两癌"免费检查项目？

为促进妇女的宫颈癌和乳腺癌（简称"两癌"）的早防早治，降低死亡率，自2009年起，国家卫生健康委和全国妇联共同实施了对妇女"两癌"的免费检查项目，项目以农村妇女、城镇低保妇女为重点，为适龄妇女提供筛查服务，通过预防为主、防治结合、综合施策等方式，提高妇女的健康水平。

《中国妇女发展纲要》将"两癌筛查"项目列入了指标体系中。至2021年，我国累计开展宫颈癌免费检查近1.2亿人次、乳腺癌免费检查4800多万人次，覆盖全国90%以上县区，深受广大妇女群众欢迎，成为各级党委和政府造福百姓、服务妇女群众的民心工程。

2021年，《国家卫生健康委办公厅关于印发宫颈癌筛查工作方案和乳腺癌筛查工作方案的通知》发布，对新时期"两癌"筛查提出了新方案，方案将35周岁至64周岁的农村妇女、城镇低保妇女纳入"两癌"筛查的主要对象。

方案提出到2025年年底，宫颈癌筛查实现以下目标：逐步提高宫颈癌筛查覆盖率，适龄妇女宫颈癌筛查率达到50%以上。普及宫颈癌防治知识，提高妇女宫颈癌防治意识。适龄妇女宫颈癌防治核心知识知晓率达到80%以上。创新宫颈癌筛查模式，提高筛查质量和效率，宫颈癌筛查早诊率达到90%以上。

乳腺癌筛查目标：逐步提高乳腺癌筛查覆盖率，适龄妇女乳腺癌筛查率逐年提高。普及乳腺癌防治知识，提高妇女乳腺癌防治意识。适龄妇女乳腺癌防治核心知识知晓率达到80%以上；完善乳腺癌筛查模式，提高筛查质量和效率，乳腺癌筛查早诊率达到70%以上。

这项工作的落实需要基层妇联的积极配合，执委们要做好宣传，把惠及广大妇女的民心工程做好做实。

27．什么是家庭暴力？

2016年3月1日开始实施的《中华人民共和国反家庭暴力法》第二条对家庭暴力进行了界定："本法所称家庭暴力，是指家庭成员之间以殴打、捆绑、残害、限制人身自由以及经常性谩骂、恐吓等方式实施的身体、精神等侵害行为。"2022年6月7日最高人民法院审判委员会通过的《关于办理人身安全保护令案件适用法律若干问题的规定》特别说明："家庭成员之间以冻饿或者经常性侮辱、诽谤、威胁、跟踪、骚扰等方式实施的身体或者精神侵害行为，应当认定为反家庭暴力法第二条规定的'家庭暴力'。"

家庭暴力主要是指：

第一，主体发生在共同生活的亲属之间，如夫妻之间、父母与子女之间、兄弟姐妹之间、亲密关系和继父母之间等。

第二，实施者具有主观故意性，包括身体伤害和精神伤害。

第三，通过实施暴力行为造成了一定伤害后果，侵害家庭成员生命健康、人身自由等权利。

家庭暴力具体表现形式有：

第一，肉体摧残。用冻饿、推打、扭臂、掐脖子、扇耳光、咬、掐、用刀等手段及器械伤害被害人，使其身体受到严重损害甚至危害生命的暴力。

第二，精神迫害。用跟踪、侮辱、诽谤、威胁、骚扰、恐吓、辱骂、猜疑、恶意贬低、故意刁难等手段干涉受暴者的行动自由；捏造事实，长期不理睬，给对方带来极度精神压力和伤害的精神暴力。

第三，性虐待。违背对方意愿强迫进行性行为，或强迫其进行难以接受的性行为方式，损伤其性器官，强迫其拍摄淫秽照片或录像等，给受暴人带来巨大身心伤害。

第四，体罚虐待。经常对家庭成员进行体罚、强迫过度劳动、禁闭、限制行动自由等。

第五，经济虐待。不给生活费、剥夺生活必需品、限制花钱、扣留证件、禁止外出工作、禁止求医、在外赌博欠债、变卖家产等。

家庭暴力绝大多数发生在配偶之间，施暴者男性占大多数，也有少数男性为受暴者，但是无论男性还是女性，受到家庭暴力一定要说出来，对家庭暴力实行零容忍。

28．什么是"建设法治中国·巾帼在行动"活动？

为了落实党中央全面依法治国的重大决策部署，2015年全国妇联指导各级基层组织面向广大妇女群众开展"建设法治中国·巾帼在行动"妇女维权和法治宣传教育活动。活动充分发挥法官、检察官、律师等法律工作者作用，通过开展丰富多彩的群众性法治宣传活动，引导广大妇女自觉遵法、学法、守法、用法，理性表达利益诉求，依法维护合法权益，为推进全面依法治国贡献巾帼力量。

这项活动作为常态化工作，全年持续推进，围绕"维权服务进社区、进家庭、到身边"，以深化"平安家庭"创建工作，着力化解婚姻家庭纠纷和妇女法治宣传教育为主要内容，将普法宣传、摸排困难妇女和家庭、推动解决法律的难点问题结合起来。

活动坚持日常宣传与集中宣传相结合，在"三八节""六一节""6.26国际禁毒日""11.25国际反家暴日""12.1世界艾滋病日""12.4国家宪法日"等重要节点集中开展主题宣传，配合维权等重点工作联动宣传，起到了很好的普法效果。

29. 什么是"平安家庭"创建活动？

"平安家庭"创建活动是妇联参与社会治安综合治理工作的一个品牌，2005年由全国妇联联合中央综治办等共同发起。"平安家庭"创建被纳入国家平安建设总体规划、社会治安综合治理工作考核中，与平安建设同部署、同落实、同检查、同考核、同表彰。

根据中央综治办要求，"平安家庭"创建坚持以预防为主，坚持问题导向，强调对婚姻家庭矛盾纠纷引发"民转刑"重大命案的防控，通过考评督促地方党委政府进一步增强责任主体意识，督促基层妇联组织主动开展维权服务，积极配合党委政府预防和减少因婚姻家庭矛盾纠纷激化引发的违法犯罪，有效解决了影响家庭平安的问题。

各地妇联在"平安家庭"的创建中根据妇女工作特点，有的围绕"群众所盼、妇联所能"建设平安家庭志愿服务团；有的围绕"部门有为、群众有感"建设平安家庭工作机制；有的围绕"形式多样、落地有声"开展平安家庭宣教活动；还有的围绕"引领性强、示范性佳"建设平安家庭示范户。各地妇联通过一系列举措进一步推动了平安家庭建设的有效性和科学性。

30. 什么是"家家幸福安康工程"？

"家家幸福安康工程"是全国妇联促进家庭文明的一项民生工程，具体措施包括以下四大行动：

第一，家庭文明创建行动。深化拓展寻找"最美家庭"活动、启动实施"绿色家庭"创建行动、创新设立家庭家风家教主题宣传月、打造家风家教宣传展示品牌活动、推出系列展现好家风的文化产品、命名一批家教家风实践基地等。

第二，家庭教育支持行动。推动完善家庭教育法律政策、启动实施"父母成长计划"、做实做强各类家长学校、发展壮大家庭教育指导服务队伍。

第三，家庭服务提升行动。优化巾帼家政服务、做实巾帼健康服务、完善婚姻家庭服务、开展家庭公益服务项目。

第四，家庭研究深化行动。建立家庭建设研究中心、家庭建设专家智库、促进研究成果转化和应用、建设新时代家庭大数据等。

通过实施以上四大行动，做深、做实、做细妇联的家庭工作，切实加强妇联对广大家庭的团结引领和服务。

31．什么是妇联法律帮助中心和妇女维权站？

全国妇联法律帮助中心（简称"中心"）是全国妇联直属的非营利性公益事业单位，为妇女和儿童提供法律帮助服务，服务内容主要有：对妇女儿童侵权的投诉提供12338热线咨询和专家面询、开设妇女法律帮助网站、为侵犯妇女儿童权益的有影响力的重大个案提供法律服务及其他形式的社会救助服务。

中心积极推动有关部门解决侵害妇女儿童权益的热点、难点问题，开展婚姻家庭调解，进行男女平等基本国策、法律法规政策宣传培训等。

中心与国内外妇女组织、社会团体、教学科研单位等建立友好联系，沟通维护妇女儿童权益工作信息，学习交流及项目合作，组建志愿者队伍。

不少省市县也建立了相应的妇女儿童维权站。这些维权站多建在县级以上妇联，通过热线咨询、讲座培训、小组工作坊等方式，为辖区内妇女儿童提供法律政策、婚恋指导、亲子教育、就业创业、健康生活等咨询服务。妇女儿童维权站既可以为有需要的妇女儿童提供心理辅导及个案跟踪等专项服务，也可以为有需要的妇女儿童提供情感支持和疏解方式。

妇女维权站的服务方式灵活多样，通过聘请家教、法律、心理、医疗卫生等方面的专家，为有需要的妇女提供专业服务。服务形式有咨询服务、个案服务、网上服务、外展服务等。

32. 什么是妇女维权热线？

"12338"妇女维权公益服务热线是由全国妇联设立的全国统一号码、统一规范的妇女维权热线，主要为妇女儿童提供法律、婚姻、家庭、心理、教育等方面的咨询，并受理有关妇女儿童侵权案件的投诉。

热线咨询的主要内容有：家庭类问题，集中在离婚咨询、家庭暴力等有关婚姻家庭的咨询；综合类问题，包括心理、法律法规政策咨询等；劳动权益问题，包括女性离退休金政策落实问题、女职工劳动保护问题；妇女权益保护问题，包括职场性骚扰、女性政治参与和就业歧视等问题。

"12338"是免费解答的，拨打电话前，请把需要咨询的问题列个提纲，以便律师解答和记录。如需要现场或上门咨询服务的，可先打电话预约。法律咨询的作息时间以正常工作日为准，其他时间咨询可通过电话录音，不直接解答，但过后会有工作人员联系回复，请耐心等待。

33. 哪些途径可以申请妇女儿童相关项目？

妇女儿童工作的资金来源是多方面的。

第一，争取获得本地区专项经费，将妇女儿童工作纳入正常经费范畴。如各地政府部门落实按妇女人均1元标准划拨妇联工作经费，有的地方有专项资金服务妇女群众，如政府部门用于重点培养扶持村级组织女性带头人和农村女性致富带头人的资金等。

第二，争取基金会支持，可通过中国妇女发展基金会、中国儿童少年基金会、民政部门、人力资源和社会保障部门，以及各地妇联主管的妇女儿童基金会等途径，获得项目经费支持。如由广东省妇联主管的广东省妇女儿童基金会，在省内经济欠发达地区开展贫困妇女儿童"四援助"，即援建单亲特困母亲安居房、援助贫困妇女发展生产、援助困境妇女儿童疾病治疗、援助困境儿童学业，对弱势的妇女儿童起到了很好的帮扶作用。

第三，争取本地对妇女儿童事业项目的资助，各地通过项目申请的方式对妇女儿童工作给予支持。基层妇联和有资质的社会组织都可以参与项目投标，也可依托社会组织申报获得项目资金。

34．如何加强与港澳台、海外妇女组织的交流与合作？

《中华全国妇女联合会章程》提出，要巩固和扩大各族各界妇女的大团结。加强同香港特别行政区、澳门特别行政区、台湾地区和海外华侨华人妇女、妇女组织的交流合作，推进现代化建设和祖国和平统一。积极发展同世界各国妇女和妇女组织的友好交往，加深了解、增进友谊、促进合作，积极参与

"一带一路"建设,推动构建人类命运共同体,为维护世界和平、促进共同发展作贡献。

粤港澳大湾区的建设和"一带一路"的发展,给各项工作带来了机会,作为基层妇联,如何加强这种广泛的联系呢?

第一,主动作为。与港澳台、海外妇女组织的联系是多层面的,多年来,联合国妇女发展署和一些国家的非政府组织在推动中国妇女发展方面,做了很多积极有效的工作,相关的基金项目给基层妇女带来了资助。作为基层妇联,主动关注这些信息,积极参与项目申请,可为辖区妇女获得更多资源。在参与中,要分清楚资金来源的可靠性,避免一些非法社会组织通过项目达到其他不良目的。

第二,增进联络联谊。加强与当地侨联的沟通,对定居外国的中国女性公民和回国定居的女性华侨和归侨,做好登记。可采取调研、座谈、访谈等方式增进与海外妇女社团、女留学人员和女性华人华侨的联系交流。增进大陆与港澳台同胞和海外妇女、妇女组织和归侨侨眷及侨资企业的联谊,加深她们对祖国的认同,增强其回报祖国的意愿。

第三,做优做实服务。认真做好信访和咨询服务,会同有关部门依法处理各类侨胞事务,特别要帮助解决女性侨民的困难和问题,维护她们的合法权益。在一些侨乡,女性爱国侨胞回报家乡的情怀很深,但可能会有生活和工作上的困难,基层妇联要了解情况,协调帮助解决,让女性侨民的报国之心得以更好实现。

中编
素质能力编

35. 如何塑造外在形象?

随着时代的进步和人们审美水平的提升,女性越来越注重个人外在形象的塑造和提升。外在形象包括表情和行为、服饰和装扮、言谈和举止等,基层妇联执委如何塑造外在形象呢?

第一,表情和行为形象。表情和行为反映一个人的精神风貌和工作态度。做群众工作时,亲和自然,让对方觉得你就是她们中的一员,她们才愿意和你讲心里话。行为包括站、坐、行等身体姿态,站要稳,坐要定,跷腿、抖腿都给人以不安定的感觉。说话时,手指不要指着对方,手势不要过于夸张,否则会让对方感到不舒服。

第二,服饰和装扮形象。服饰是内在素质的外在延伸,基层干部着装要因时、因地、因事作出调整。正式场合穿正装,如参加妇女代表大会、执委工作会、培训、接待来访等时要穿着比较正式，不过于花哨，不过于暴露。下乡调研特别是与群众交往时，穿宽松休闲的服饰比较合适。下基层时鞋子特别重要，到田间地头，穿高跟鞋既不舒服又不安全，选择轻便的旅游鞋和休闲鞋较合适。

第三，言谈和举止形象。与他人沟通或调解矛盾时，除了态度真诚外，还可用恰当的语言塑造形象。表达时控制语速和语调，不讲空话、官话、套话。适时使用方言，会让群众感到亲切和温暖。如今，随着执委年轻化和知识化，普通话的使用也更普遍，汇报工作、正式发言、接待领导和同行来考察时，用普通话交流会更有利于沟通和传播。

36．如何提升内在素养？

《中华全国妇女联合会联章程》对妇联干部的要求是：政治坚定、勤奋学习、忠于职守、作风扎实、遵纪守法。这些基本的内在素质可以概括为以下四个方面：

第一，提升政治素养。带头学习贯彻习近平新时代中国特色社会主义思想，在政治立场、政治方向、政治原则、政治道路上同党中央保持高度一致。2023年5月，《习近平关于妇女儿童和妇联工作论述摘编》（以下简称《论述摘编》）出版发行，全国妇联发出通知，要求各级妇联把学习宣传贯彻《论述摘编》作为学习贯彻习近平新时代中国特色社会主义思想主题教育重要内容，在学懂弄通做实上下功夫，引导广大妇女更加深刻领悟"两个确立"的决定性意义,进一步增强"四个意识"、坚定"四个自信"、做到"两个维护",为强国建设、民族复兴贡献磅礴的巾帼力量。《论述摘编》是提升妇联执委政治素养的权威性读本,摘自习近平同志关于妇女工作的有关报告、讲话、说明、贺信、指示、批示等50多篇重要文献,分为8个专题,共计174段论述。学习好宣传好贯彻好《论述摘编》是当前和今后一个时期妇联组织的重大政治任务,是提升执委政治素养的基本要求。执委们不仅要自己学懂弄通,还要推动《论述摘编》走近妇女、走进家庭、走向全社会。

第二,提升文化素养。增强文化自信,围绕举旗帜、聚民心、育新人、兴文化、展形象的使命任务,提升文化素养。文化素养包括对中国传统文化的认同和理解、对乡土文化的知晓和传播、对文化活动的组织和指引等。

文化素养最核心的内容是"以人为本",看一个人有没有文化素养,不在于你认识多少字,读了多少书,学历有多高,关键看你怎么对待自己,怎么对待他人,怎么对待社会,怎么对待自然,怎么对待国家。有些学历层次特别高的人,不尊重别人,不善待自己,不热爱祖国,就可以说这些人没有文化素养。有些群众识字可能不多,学历也不高,但是工作积极肯干,处处为别人考虑,谦让善良,也是有文化素养的表现。很多老妇女主任,可能没有太高的文化和学历,但是有为人民服务的情怀,在基层妇女工作岗位上工作细致,为群众所想,办群众之事,深得群众的爱戴,就是有文化素养的表现。如在对待自然方面,要与环境友好相处;如果你学历很高,但随手丢垃圾，也是一个没有文化素养的人。

第三，增强作风素养。良好的作风包括不断开拓创新，勇于担当，雷厉风行，真抓实干。在组织、引导、服务妇女和维护妇女权益方面，把妇女群众当亲人，让她们真正把你当娘家人，有问题向你反映，有好事与你分享。好作风不仅有利于工作，也有利于身心健康，当你帮助群众完成一件事情得到认可时，自己也会身心愉悦。

第四，提高身心素养。身体好才能做好本职工作，基层工作经常会加班加点，没时间点，没休息日，更需要有一个好身体，再忙都要有良好的健康素养。没有时间锻炼，就一定会有时间生病。生命不仅在于运动，还在于选择适合个体特点的科学运动。有病要及时去医院看，这也是有健康素养的体现。

此外，注意自我的心理调适。基层工作压力还是比较大的，特别是一些琐碎的矛盾和突发性事件的处理，直接落到基层干部身上，处理不好，很容易造成心理压力，学会心理调适和减压，管理好情绪，才能更好地应对工作。

37．怎样管理自己的情绪？

每个人在不同场合不同经历中，都会产生各种情绪。有人说，我就是这个脾气，就是这情绪，改不了。其实不然，"我的情绪我做主！"情绪是可以管理的。那么怎么管理自己的情绪呢？

第一，觉察情绪。产生情绪时，说明生活中有事件刺激，这时要察觉情绪、认知情绪。情绪本身没有好坏之分，但情绪带来的结果就有好坏之分了。同时，情绪是会传染的，如工作中遇到难题，带着负面情绪回到家里，然后夫妻吵架，接着拿孩子出气，最后影响全家的情绪。反之亦然，在家里有了矛盾，产生情绪，带到工作中，情绪化处理工作，一样会带来不好的影响。

无论是在工作中还是在家里，基层妇联执委遇到的事情都比较琐碎，如工作中调解复杂的家庭矛盾，处理纷繁的人际关系，自己家里夫妻关系的相处、家务劳动的分工、孩子学习的管教、老人生活的照料等，都会影响情绪。当有情绪产生时，首先要认识到"我现在有情绪了"，有一定的情绪觉察能力，才能以积极的态度处理情绪，进而处理好事情。

第二，标本兼治。当情绪上来时，有时只需要几分钟或简单的行为，就可避免许多冲动和麻烦。情绪处理可分为治标和治本。治标通过转移注意力、适度宣泄、自我安慰、自我暗示来调整心情；治本即改变思维方式，辩证分析，理性看待。治标和治本相结合，才能管理好情绪。

第三，掌握减压方法。减压方法因人而异，推荐七种常用方法：

一是冷静法。遇到负面事件，不要冲动，先想办法冷静下来。如在工作中遇到来访群众要求解决问题，对方态度不好，甚至粗言相向，这时一定要冷静再冷静。对方虽然情绪激动，但能来找你，说明对你信任，如果你与其对立，不仅不利于问题的解决，还会影响双方的情绪，甚至有损妇联形象，应先冷静下来再解决问题。

二是反思法。遇到问题不要总是把矛盾归于对方,可以进行反思和逆向思维,我有问题吗?我的态度好吗?我的立场对吗?我的方法得当吗?多反思自己,会让情绪得到调整。

三是转移法。有时遇到问题难以解决,情绪缓解不了,可以转移去做别的事情。如去做体育锻炼,跳跳广场舞,跑跑步,打打拳。运动时脑子不会想太多事情,不会气鼓鼓地跑步,不会满脸愁容地跳舞,所以运动往往能舒缓情绪。如有条件,去看场电影、约朋友吃个饭,也是不错的情绪转移法。

四是宣泄法。情绪有时控制不住,可适当发泄一通,如找个没人的地方大哭一场,找个可以说知心话的朋友倾诉一下。把不良情绪释放出来,会让心里舒服些,当然要看场合和对象,不能随意宣泄,影响个人形象。

五是分散法。减少工作强度,不一定事必躬亲,学会用人,基层工作很难靠一己之力做好,要合理分工,大家共同承担,就不会使自己总处在高压之下。复杂问题简单化,往往更能提高工作效率。

六是趣味法。做妇女儿童工作是有意义的工作,无论是与人打交道还是做各种活动,都是在做好事,做有意义的事,也就是有趣的事,帮助别人的同时也能愉悦自己。

七是犒劳法。有时做成一件事情,可以犒劳一下自己,如给自己买个小礼品,给自己放半天假,逛逛商场,会会朋友,看看电影,犒劳自己,会有一种舒适感。

总之,情绪是可以管理的,压力是可以减轻的,情绪管理得好，会让自己更有教养，让群众得到更多的实惠，让你成为"更靠谱的娘家人"。

38．怎样提升执行能力？

基层执委最重要的就是"执行"，有较强执行能力的妇联执委，能高质量地将妇联的决策以及各项工作有序推进。那么如何提升执行能力呢？

第一，了解执行的内容。

一是执行党和国家的方针政策，如党的各次代表大会提出的路线方针，每年全国两会提出的工作重点和代表们关注的热点，都是国家大事。本地区两会召开讨论的问题和做出的决策，是本地的大政方针，明白党和国家在做什么，群众在想什么，执行时大方向才不会走偏。

二是关注妇联的工作目标，妇联系统寻找最美家庭活动、"两癌"筛查、小额贷款、妇女之家建设等，都是妇联的重点工作。同时了解本地妇联布置的具体工作，这些工作在全国妇联的目标要求下，更具体、更接地气，要按要求执行。

三是了解本地政府工作的重点。包括市、县区、镇和村的近期工作要点。如本地经济发展的目标要求、社会治理的要求、环境达标的要求、疫情防控的重点工作等，都需要执委积极执行。

第二，提高思想认知水平。基层执委多为兼职人员，有自己的本职工作，但在执委这个岗位上，一定要有责任意识和服务意识，把服务广大妇女群众当作一项光荣任务完成，才能将执行落实到位。

第三，培养主动作为的工作态度。培育积极向上的工作和生活态度，摒弃惰性和懒散的心理和行为。制订一些目标、任务表，确保工作任务按计划进度表完成。

第四，良好的团队协作精神。执行需要良好的工作环境，这个环境就是基层妇联执委所在的团队——执委会。团队间互相协作、互相帮助，形成良好的战斗队和工作作风，才能把工作执行到位。

39．怎样提升目标管理的能力？

目标管理，就是对拟订的目标进行系统科学管理。什么是目标任务呢？你可能会给生活和工作拟订一些目标：我要学好广场舞，我要做一次带货直播，我要解决辖区老人餐的问题，我要组织巾帼志愿者队伍，等等，这就是具体目标。那么，怎样提升目标管理的能力呢？

第一，科学设置目标。可根据上级有关要求设定目标，可结合群众需求设定目标，还可根据个人创新思维设定目标等。无论什么目标，一定要在科学合理的范围内确立。如对妇女"两癌"筛查的要求，按照《中国妇女发展纲要》的要求设定目标，各地还有妇女规划设定的量化要求，妇联要积极动员群众参与检查，以完成量化目标。再比如，群众需要解决养老助餐问题，就要根据村（居）现实情况，考察其可行性，如卫生许可证、送餐上门、菜品的营养等问题，如果条件允许，可列为目标，暂时达不到要求，就要暂缓进行了。

第二，严格时间管理。无论是个人还是团队，按时间一般有三个目标：一是近期目标，时间大约一个月之内，如近期要解决一位单亲妈妈孩子上学的指标问题；二是中期目标，大约半年到一年，如在社区开展一次妇女健康培训；三是远期目标，一年以上或长远目标，如按上级妇联的指标要求，把本村（居）的妇女之家打造成示范性妇女之家等。可根据目标将各项内容做一个时间规划表，按步骤完成。目标要注意留有一定余地，因为实施中可能会遇到突发性或不可控事件，留有余地，才能使目标顺利完成。

第三，加强统筹规划。为达到目标，需要科学统筹。可以画一个九宫格，中间是目标内容，周围八个维度是实现目标要做的事情。如把建好妇女之家作为工作目标，把妇女之家放在格子最中间，然后将涉及的内容如"计划、场地、资金、人员、服务、设备、机构、对象"8个要素罗列在九宫格的周围，并留有一定的余地，随时按相关要求去看完成的情况，做好统筹安排，目标的实现就更容易了。

40. 怎样提高写作能力？

执委们在基层工作时怕写文章，因为写出来的东西白纸黑字，流传很广，怕写不好，怕出丑，因此很想提高写作能力。怎样才能提升写作能力呢？

第一，系统学习写作知识。

写作知识有八大点内容，前四点是讲写作内容，后四点是讲写作方式。具体如下：

一是提炼主题，即"言之有理"。主题是文章的灵魂，任何实用文都有主题，如一篇请示，要确定请示的主要内容，是要资金、要人、要物，还是审批事项？一篇通知，主要事项是什么？主题清晰，才能让收文方明白。

二是搜集材料，即"言之有物"。材料是文章的血肉，请示、报告、总结和新闻报道，都要建立在大量素材基础上，即身边发生的人、事和数据等，在此基础上选择你所要用的材料，以使文章有血有肉。

三是构思提纲，即"言之有序"。提纲是文章的骨骼，是支撑的框架。包括开头和结尾、层次和段落、过渡和照应。写文章前，先在纸上列一个提纲，按事物的规律和逻辑把思路理顺，才能写得顺。

四是语言表达，即"言之有文"。语言是文章的细胞。实用文不像文学作品那样需要生动的形容词和抒情的文采，而是要用简洁、明白、通俗、易懂的语言写出来，让别人实实在在看明白你在说什么，才能有用又有效。

五是叙述的方式。叙述就是陈述某件事，说通俗些就是讲故事、讲过程，包括时间、地点、人物、事件、原因、结果6大要素。在讲述村（居）所做的活动和发生的事情时，在表达妇联所做的工作时，往往用叙述方式。

六是说明的方式。说明是解说或介绍某件事、某个场所、某个人、某个物品。说明方法有很多，比如：概念说明，如什么是妇女之家、乡村振兴等，用简洁的文字对概念解说；数字说明，用数据说明情况，如本村妇女构成的情况、五保户的户数、人员职业年龄构成的比例等；举例说明，如讲到乡村振兴时，列举本村某位妇女创业的典型事例，讲到巾帼服务，用某位巾帼志愿者服务的典型事例说明等；比较说明，通过对比或类比来说明某件事或人，如本村今年的"三八节"活动与去年的比较或与别的村比较等。说明是客观的，不要掺和个人的主观评价。

七是议论的方式。议论是对某个对象或某件事情发表见解，表明观点和态度，要表达出的主观意识和个人观点。如新闻报道介绍家庭教育活动时，可从社会治理或性别平等的理论分析问题，让读者了解你的观点和看法。

八是抒情和描写的方式。这两种方式更多在文学作品中使用，抒情就是抒发某种情绪，如开心、兴奋、悲伤等；描写有景物描写、人物描写、心理描写、物品描写等。撰写新闻时，用抒情与描写的方式进行场景渲染，能起到感染人的作用。

第二，明确对象，有针对性地写作。为什么写、写什么以及写给谁看一定要明白。如写公文，要依据《党政机关公文处理工作条例》的文种要求写作。条例中列举了15类公文，基层比较常用的有：请示、报告、通报、函、意见、纪要。写作时要了解这几类文种的要求，有针对性地去写。如发布活动的报道，要根据载体和阅读对象，在内部媒体发布可轻松活泼，在公众媒体发布要严谨庄重。

第三，长期积累、多写多练。写作是"得之在俄顷，积之在平日"。平时多积累材料，就不会在写作时心里没底。有关妇女儿童的方针政策、领导的重要讲话、妇联工作的相关文件等都是需要关注的。履职期间多浏览妇联的相关网站，储备政策和话语资料。全国妇联、本省市妇联、本地妇联的网站和公众号有很多有关写作的参考依据，同时要结合本村（居）实际，特别是出亮点、出新出彩的要记录下来。执委最大优势是生活在妇女群众中间，可养成记周记的习惯，每周一记或大事一记。经常动笔，思维会得到锻炼，词汇会积累，文笔也会提高。

第四，学会借鉴和模仿。在学习写作中，可用借鉴的方式。现在网络很发达，可以学一学别的村（居）是怎样写作新闻报道和总结材料的，相关内容的公文是怎样表达的，在结构和语言上可以借鉴，但内容一定是自己身边真实发生的事情。

第五，多写多改。文章不是写出来的，而是改出来的。多改几遍，会有提升的空间。可以自己改，也可以请朋友改、领导改、老师改，特别注意保留改的痕迹，下次就知道自己的问题所在了。

41．怎样提高演讲能力？

演讲是宣传、动员群众的有效方法，执委如何提高演说能力呢？

第一，围绕主题明白说。不管多长的演讲，都有一个鲜明的主题，在逻辑上特别推荐"讲三点"的方法。因为一般来说，两点少了五点多了。三点到四点比较合适，"讲三点"是最好记也是最方便听的方式。正如老子的"道生一，一生二，二生三，三生万物"，这里的"三"虽不是实数，但给人们提供了一种逻辑思路，围绕主题组织好"三点"，自己好记，群众易听。

第二，善讲故事生动说。演讲中，让听众印象最深刻的往往是生动形象的故事，加入与听众相关联的故事，会让听众乐意听，并回味无穷。当然故事要经过准备和提炼，与主题关联，传递出思想和道理。平时注意收集与妇女工作相关的故事，特别是本村（居）妇女群众的故事，会让听众有亲切感。

第三，巧引词句点睛说。演讲恰当引用名人名言，能起到画龙点睛的作用。引用得好，可以使通篇讲话生动鲜活。当然，一篇演讲中也不宜多用，否则有掉书袋之嫌。

第四，政策指导深刻说。讲话要有政治性，传递正能量，要认真学习党的方针政策，了解党和政府当下要做的重要事情和理论，特别是要了解妇联工作的方针政策，用政策支撑，能提高讲话的深刻性和体现演讲者的胸襟与格局。

42．怎样提升学习能力？

不断学习才能增强工作的本领，如何提升学习能力呢？

第一，确立终身学习和主动学习的理念。执委是一项兼职工作，但又很专业，需要不断学习。妇女儿童工作从政策和现实发展上，都是日日新的。如国家发布"三孩"政策，这项直接关系家庭和妇女儿童的政策，主要内容是什么？如何落地？如何做好后续的工作？本地区的配套政策是什么？都要主动去学习，认真研究，才能做好宣传和落地。

第二，掌握多种学习方法。可系统学习，也可碎片化学习，可参加学历学习，也可自学成才。今天人们的阅读方式和学习方法越来越多样，当白纸黑字转化为虚拟数字、实体书籍变身为数码屏幕，人们的学习习惯也在变化。可以充分利用手机功能学习，看到好图片，可以拍下来作为学习的内容；发现好文章，可以缓存下来仔细阅读。但这种快餐式学习比较碎片化，真正要把学习引向深入，建议多读纸质书，因为纸质书的文字留白处更容易让人有思考的空间。当然，不管用什么方法，只要有益于提高综合素质，都可尝试。

第三，运用多种途径学习。利用各种学习平台进行多方面学习。现在有很多听书的平台，大家可以多关注。如"学习强国"就是一个很好的学习平台，是一所不设门槛的大学。"学习强国"平台上，老师很专业，课程很系统，讲课视频既直观又易懂。如学习性别学的理论，只要输入关键词"性别"，就有不少相关内容供你学习，如《教育社会学》中的"性别属性与性别角色"，《遗传学》中的"性别决定"，《心理健康与创新能力》中的"性别观念是如何形成的"等，都可在"学习强国"中找到。常看视频、做心得笔记，一定会有大的收获。

第四，向实践学习，做生活的有心人。善于在生活中有所发现，善于思考，一定能学到真本领。如"双减"政策出台后，不仅学校和家长关注，社区也要关注。可以在实践中多学习、多思考。如一位社区妇联主席看到小区隔壁小学有个小菜园，孩子们在小菜园里学习种菜，享受劳动的快乐。她想到能不能把这种经验移植到社区，于是带着执委们到学校考察学习，回来后就在小区空闲地上开了个小菜园，让劳动和运动这个"双动"替代"双减"，家长带孩子一起劳动，春天种菜，夏天种花，秋天收获，不仅增强了孩子们的劳动观念和对大自然的了解，也让亲子活动变得自然有趣，还美化了小区环境。从实践中学来的东西，在社区实现了多赢。

43. 如何提高知法懂法用法的能力？

执委要知法懂法用法，熟练掌握与妇女儿童权益密切相关的法律，才能更好地做好维权服务。那么，如何提高知法懂法用法的能力呢？

第一，学习法律知识。了解和熟悉与妇女儿童工作紧密相关的法律条文，如《中华人民共和国妇女权益保障法》《中华人民共和国民法典》中的婚姻家庭编，《中华人民共和国未成年人保护法》《中华人民共和国反家庭暴力法》中关于妇女和儿童权益保障的条款等。法律学习的途径是多样的，可参加普法教育培训；可通过网络自学；可观看普法类的电视节目，如央视《今日说法》等专题，以案说法，是很好的学习平台。

第二，把握好法的尺度。结合案例可以更好地了解法律条文的适用性，但是一定要把握好尺度。我们来看一个案例，某执委上门参与慰问困境儿童活动，拍了很多照片，在未征得当事人和监护人的同意，也没对照片做任何处理的情况下就发到朋友圈和微信群中，对儿童和家人造成了不良影响，引起当事人不满，并开始走法律程序，使这位执委陷入了被动境地。对公民的隐私，《中华人民共和国民法典》第一千零三十二条有明确规定："自然人享有隐私权。任何组织或者个人不得以刺探、侵扰、泄露、公开等方式侵害他人的隐私权。"此案在未征得当事人同意的情况下，公开了个人信息，就有可能侵犯了隐私权，给当事人带来精神损害。因此在开展工作的时候，一定要依法而行，否则好心也可能把事情办糟。

第三，有针对性地使用法律。执委要将法律运用到实践中，用法律武器维护自己或他人的合法权利。如有位群众找到妇联倾诉，说她遭受了家庭暴力，作为接待人，就要按照《中华人民共和国反家庭暴力法》的相关内容履行妇联责任，如确立是否属于家庭暴力，受暴人要怎么保护自己，相关部门如何保护受暴人，对施暴者采取什么措施，有没有必要申请办理人身安全保护令等，运用法律的具体条文，才能更好地处理事情。

44．如何提升创新能力？

基层工作看起来是最普通的群众工作，但也需要打破惯性思维，以新颖独特的方法开拓思路，包括思想创新、组织创新和工作创新。

第一,思想创新。思想创新来自妇女工作实践的理论思考,基层社会治理要求是"健全党组织领导的自治、法治、德治相结合的城乡基层社会治理体系,完善基层民主协商制度,建设人人有责、人人尽责、人人享有的社会治理共同体"。基层如何理解基层民主协商制度,并结合实际运用好,就需要有个思想创新的过程。如对村里的村规民约进行审核,把"性别平等"的新理念和内容融入其中,这种创新的思路,使基层从性别平等视角处理出嫁女的权益分配、家庭矛盾等问题,从而抓住矛盾的主要方面。

第二,组织创新。基层有不少群众自发的组织,可能因组织不到位会发生一些矛盾,如某社区不同兴趣的妇女组织了多个广场舞舞蹈队,但因场地问题经常引发矛盾,搞得邻里不和睦。一位执委了解了这件事后,通过调查研究,对这些舞蹈队做了整合,成立了社区巾帼健身队,下设不同兴趣小组;对场地进行合理组织调配,理顺了关系,既解决了场地问题,大家也能和平相处,还增加了妇联的凝聚力。

第三,工作创新。妇联工作看起来很普通,如关爱单亲母亲,给留守儿童送去温暖,与孤独老人聊聊天等,但每项工作都需要创新。每年都给留守儿童送书包,书包用不完,效果也不好。如果能从社会联系、心理抚慰、为孩子提供与父母沟通的机会等方面去创新,会达到更好的效果。再如城市居民饲养宠物的较多,如何文明养宠也是个新课题。某社区妇联召开了一个"文明养宠 我愿意!"的座谈会,围绕着人与"宠"和谐相处,共享生态的社区主题,征求养宠居民和其他居民的意见，在此基础上改进了宠物管理办法，促进了社区和谐。

第四，活动创新。妇联活动是多样的，但如果没有新意，群众参与意识也就不那么强了。除了传统项目，如文艺、体育活动外，还可以想新点子，做一些结合当地特色的活动。如儿童合唱团很多地方都有，但如果组个亲子合唱团，或全家合唱团，不仅调动了家庭的积极性，也能提升活动的效果。

创新是一个民族进步的灵魂，也是社区进步的基点。把关注新生事物变成一种习惯，始终保持好奇心，就能吸引更多妇女群众参与妇联的活动。

45．如何提升廉洁自律的能力？

廉洁自律是对每位共产党员的要求，也是对每位妇联执委的要求。妇联执委看起来做的是最基层的工作，没什么权力和油水，其实不然，如妇联做活动，经常会准备一些小礼品赠送给前来参加的群众，虽然东西不贵重，可能是一件小围裙、一把小伞、一包纸巾，但这些是公共财物，不能因物小而取之。

在帮助群众解决问题时，有时群众出于好心也会送些礼品，这也是坚决不能收的，特别是涉及权利和利益关系时，执委一定要坚持底线思维。别小看执委这份工作，群众信任你，你就要做好服务，做到莫以善小而不为，莫以恶小而为之。

手中有些小权力也不能随意滥用。如对弱势群体或农村五保户发放慰问品，一定要严格按规定办，不能因关系好恶和亲疏进行分配，不能因裙带关系和人情关系随意发放，也是违纪的表现。

廉洁自律要经常检点自己的言行举止，自觉用党纪、党规、国法规范行为，"手莫伸，伸手必被捉"这是真的！

46．怎样提高辨别真伪的能力？

在自媒体时代，每个人都是媒体人，都可以发布消息，但是眼见不一定为实，更何况这种带有主观描述与观点的消息，因此我们要学会辨别真伪。如手机接收了一条信息，说某大型超市因疫情被封闭，很多人被困在里面，还配上照片，让大家转发。当你好心转发后，有人马上提醒，这是条假消息，照片是去年的，因此信息时代，学会辨别真伪很重要。

辨别真伪包括对信息的辨别、判断、评价等多方面的综合能力。如何提升辨别真伪的能力呢？

第一，有问题意识。遇到问题时多问几个为什么。如这个信息有可能发生吗？发生后会造成什么后果？我传播后会带来什么后果？不传播会有什么影响？在问题导向中让自己的理性思维得到提升。

第二，有知识储备。任何信息的识别都需要知识积累，多掌握一些生活知识和理论知识，提升科学素养，会对信息有更准确的判断。如新冠疫情防控期间，有的说吃某种食物就可预防病毒，有的说多喝茶可以预防病毒，有的说某种药可以打败病毒，其实多了解一些科学的知识，特别是根据官方科学数据判断，戴口罩、勤洗手、少聚集、保持社交距离等才是最好的方法。

第三，筛选信息来源。在信息量冲击波巨大的情况下，辨别真伪最有效的方法就是筛选信息来源。从正规渠道获取所需信息，不信谣，不传谣。多关注一些权威网站、机构，如全国妇联女性之声、中国妇女报等，这些平台都是可靠的。

47．怎样提升妇联工作的专业能力？

妇联执委的专业能力是指从事妇女儿童工作需要掌握的专业基础知识及专业技能。如妇女学知识、妇幼心理学、性别平等理论、家庭学理论、维护妇女权益的相关法律知识等。与妇女发展相关的政策法规，如巾帼志愿服务、巾帼脱贫行动、巾帼乡村振兴的政策、本地区妇女发展的政策法规等，都是做好执委工作的专业知识。那么怎样提升专业知识呢？

第一，学习与专业技能相关的书籍。如妇女学基础理论、与妇女维权相关的法律知识、心理学知识等。不少基层妇联都订阅了与妇女儿童发展有关的刊物，是很好的学习参考资料。本地妇联为帮助妇女干部提升素质，编制了一些内部刊物和相关政策文件的小册子，也是很好的学习资料，可放在手边经常翻阅。

第二，关注妇联的网站。各级妇联的官网或微信公众号提供了很多妇女学的专业理论和做好妇女工作的经验。全国妇联的官网上"习近平关于妇女儿童和妇联工作的重要论述"是非常好的学习内容。网站中的"女性享学吧"有很多课程，有文化修养、健康生活、养生保健、运动健身、户外旅游、文娱技艺、时尚生活、婚姻家庭、亲子教育、思想政治等多领域免费学习的课程，值得大家关注。

各级妇联召开的代表大会，会议工作报告会总结妇女工作的经验，提出下一步的工作部署，都是很重要的专业知识点，要重点学习和掌握。

第三，虚心向妇联前辈请教。妇联工作是服务妇女儿童的，一些老妇联主席和妇联干部长期做妇女儿童工作，有丰富的工作经验，特别是常规性工作如单亲家庭的关照、留守妇女的帮扶、困难群众的资助、"两癌"筛查的组织和宣传等，有很多专业内容和政策要求以及有用的方法，新任妇联执委要多向她们学习和请教。

第四，理论联系实际。将所学的知识应用于实践。如学习性别平等的知识和理论，在反对家庭暴力中，经过分析就会发现，家庭暴力不是由简单的家庭矛盾冲突引起的，而是由传统观念中男女不平等的理念造成的。男强女弱、男尊女卑的男权主义思想，不仅给女性带来歧视，同样给男性带来巨大压力，只有大力宣传男女平等的基本国策，宣传先进的性别文化，才能从根本上杜绝家庭暴力。

48. 如何提高引领群众的能力？

妇联作为桥梁和纽带，要把广大妇女引领在党的旗帜下，坚定不移听党话、跟党走，不仅是妇联组织的使命，更是首要的政治任务。

第一，做好思想引领。思想上把握正确的政治方向，坚持用习近平新时代中国特色社会主义思想武装头脑，坚定信念，服务大局。发挥妇女之家、儿童之家等阵地作用做好宣传，共同推动妇女工作的发展和进步。思想引领要把党和国家的方针政策、新中国成立以来的历史成就、各行各业女性英模的奋斗故事、各个领域的女性先进人物的模范事迹讲给妇女听，激发广大妇女不懈拼搏的奋斗激情，汇聚起巾帼心向党的坚定信念。

第二，做好行动引领。以服务聚民心、以服务促引领，通过具体行动引导妇女群众共同进步。谋划每项工作，要站在妇女群众的角度，解决她们最关心、最直接、最现实的利益问题。如为女性创业者提供培训和创投空间；开展农村留守妇女和留守儿童的关爱行动；关心流动妇女的家庭和子女，打造妇女平安之家的行动等。通过务实的行动，让妇女群众遇事想得到妇联、倾诉找得到妇联、办事信得过妇联。

第三，提高引领能力。妇联干部是群众的贴心人、娘家人，要让群众信得过，就要不断树立妇联的威信，这种威信来自"干成事"和"干好事"。引领能力包括"理好事"，即根据本村（居）涉及妇女儿童事业的发展，按轻重缓急分类后逐步完成。还要"用好人"，除了"选好人"外，还要有宽阔的胸襟，和比你能干的人一起做事，能把事情做得更完美。

49. 如何提高组织协调的能力？

组织协调能力是对资源进行合理分配，并用控制、激励和协调等方式实现目标的能力。基层妇联执委的兼职身份使之分布在社会各界和各行各业，更需要有良好的组织协调能力。男女平等与妇女发展是一项涉及国家、单位、社区、家庭、个人的系统工程，要具备很强的组织协调能力。那么如何做好协调呢？

第一，协调好人力：基层妇联执委在组织活动和工作时，首先要安排好队伍，内部组织人员要根据个人特长做到最优化配置，让其各尽其能，各尽其才。对组织外部的人员，要努力调动其积极性，如巾帼志愿者队伍，无论是平时工作还是处理突发性事件，都要做好协调分工，才能把事情办好。

第二，协调好事情：分清事情的轻重缓急，重要事情、主要事情先安排好，不能出差错。当几件事同时进行时，更要围绕目标任务，分清步骤，环环相扣，才能做得圆满。

第三，协调好物资：无论是做培训还是活动，物资准备很重要，"兵马未动，粮草先行"，组织活动中的场地布置、电脑音响设备、会议用水、小礼品等都要做好统筹。物资准备要根据活动内容安排，既要得体大方，又不能奢侈浪费。

50. 如何提升人际沟通能力？

沟通方向是多方的，要掌握与不同对象的沟通方式，提升沟通能力。

第一，与上级沟通。如执委与妇联主席的沟通，与村（居）委领导的沟通，与镇街领导的沟通等，都是与上级领导的沟通。

与上级沟通的技巧，一是要明确谈话内容。汇报工作比较正式严肃，思路要清晰；提出意见注意场合，特别是纠正上级错误时，不要当众揭短，要留有余地；提出需求时，主题要明确，不要拐弯抹角；随意聊天时，可以比较放松，不过于拘谨。

二是要了解领导性格。与不同性格特点的领导沟通要有不同的方式。如与强势型领导沟通，要沉稳果断，不拖泥带水；与活泼外向型领导沟通，要开朗大方，灵活机动；与性格严谨型领导沟通，要准备好相关数据和资料，靠事实说话；与性格随和型领导沟通，可以比较放松，发表意见时可多提几种建议供参考。当然，与领导沟通无定规，无论与什么类型的领导沟通，"真诚"二字是沟通的底线和原则。

三是要掌握谈话时机。在不同环境里谈话效果往往不同。在办公室交谈比较正式，主要谈工作上的事。用餐期间比较放松，涉及的话题也比较轻松。与领导一起外出调研和出差会有一个比较亲和的谈话氛围，内容也可以是多样的。时机调整得好，沟通效果也会更好。

四是要把握说话分寸。汇报工作平缓清楚，想明白再说，最好列出几条；提出的方案要具体可行，有执行的思路和方法；提出意见要真实中肯，注意态度和方法。

第二，与同事沟通。妇联工作是小事分好工，大事同努力才能做好，因此与同事沟通特别重要。互相信任，真心换真心，关系才会融洽。工作中不同意见肯定会有，求大同存小异，不搞窝里斗。平时有些小聚会，联络感情，商讨工作，可以让团队气氛更为融洽。

第三，与群众沟通。与群众沟通最重要的是态度问题，做妇女工作与群众关系最密切，但也要讲究技巧。学会换位思考，如"我也是女性，也有各种工作和生活方面的问题需要解决"，站在对方角度思考会更有同理心。沟通时情理结合，晓之以理，动之以情，说群众愿意听和听得懂的话，了解群众的所想、所急、所需才能让群众信任你，达到沟通目的。

51．怎样提升应急处突能力？

当前，我国处于战略机遇期和矛盾凸显期，自然灾害、社会事件、公共卫生等突发性事件时有发生，要按照稳定大局、统筹协调、分类施策、精准实施的基本方针，做好风险处置工作。有关妇女儿童的突发性事件，如果处置不当，极易引起舆情，因此要引起基层执委们高度重视。那么，如何提升应急处突能力呢？

第一，建立应急预案。正确认识和把握防范化解重大风险，坚持底线思维。突发性事件有其偶然性，也有其必然性，平时做好应急预案，才能遇事不慌乱。基层妇联工作的应急预案，主要是做好思想准备、队伍建设和部分物资准备。突发性事件发生时，责任落实到人，才能在第一时间赶到现场处置。

第二，明确妇联职责。妇联不是权力机构，而是群团组织，既要负责，又不能越权，一定要把握好这个度。当重大事件发生后，一方面要在现场做好协调和安抚，另一方面要尽快向有关部门报告。如接到暴力伤害儿童的事件时，要尽快落实接访、报告、帮扶等工作流程。涉及法律的案件，及时向公安司法部门作强制报告，明确职责，把握好节奏，协助事情的处理。

第三，注重源头治理。突发事件往往有个酝酿、发生、发展的过程。要增强风险意识，下好先手棋，打好主动仗。从细节上、程序上克服侥幸心理、麻痹心理，努力把风险和问题解决在萌芽状态。如在预防家庭暴力时，要注重平时的宣传，除了宣传《中华人民共和国反家庭暴力法》的相关内容外，还可以对典型案例中的依法治暴进行宣传。同时，将发生家庭暴力后如何求助的方式做好宣传，以免本辖区发生家庭暴力的伤人事件。

第四，分类施策有效。突发性事件发生后，做到人响应，不慌乱，冷静处置；物响应，能调动，及时配置；策略响应，方法得当，科学处置。妇女儿童是弱势群体，突发性事件中，由于体力不强、逃生知识不足，往往最容易受到伤害，因此要给予特别关注。如辖区内突发暴雨、地震等自然灾害，火灾、斗殴等人为事件时，妇联执委要有性别意识，充分考虑到妇女儿童的需求和安全,主动积极与相关部门做好联络。

第五,做好事后总结。事情处理后,要提高对应急事件的复盘能力,查找事件处理中的漏洞,结合风险做好评估,从教训中汲取经验,加以总结,提出后续应急方案。

52. 怎样提高宣传能力?

基层妇联执委面向广大妇女群众宣传党的方针政策、宣传妇女儿童的发展情况、宣传妇联的主要工作,关系到人心向背和妇联工作成效。如何提升宣传倡导的能力呢?

第一,增强做好宣传工作的底气。

一是关心党和国家大事。如从政治上了解国家的发展理念,从经济上知道目前的经济形势,从社会治理上明确方针政策等。如在党的二十大召开之前,各地妇联以"巾帼心向党 喜迎二十大"为主题,重点开展群众性主题宣传教育活动。党的二十大召开后,各地妇联积极主动地把思想和行动统一到党的二十大精神上,团结带领广大妇女做伟大事业的建设者、文明风尚的倡导者、敢于追梦的奋斗者,把党的关怀和温暖送到妇女和儿童身边。

对热点、难点问题更要关注,如教育、医疗、养老等政策的出台,"双减"政策、"三孩"政策、每年两会关注的热点等,知道国家大事,了解政策导向,才能围绕中心、服务大局、做好宣传。

二是关心与妇女儿童相关的法律政策和现实中的重大事件。如妇女发展、妇女维权、家庭文明建设、儿童权益保护等政策内容。如最高人民检察院与中华全国妇女联合会2022年3月起共同开展"关注困难妇女群体，加强专项司法救助"的专项活动，围绕救助困难妇女的目标，提出对五类进入检察办案环节、符合救助条件的困难妇女，作为重点对象加大救助帮扶力度。这五类对象分别是：属于防止返贫监测对象的农村妇女；遭受家庭暴力、性侵害、拐卖等违法犯罪行为侵害的妇女；家庭主要劳动力受到违法犯罪侵害致死或者丧失劳动能力，承担养育未成年子女、赡养老人义务的妇女；身患重病或者残疾的妇女；赡养义务人没有赡养能力或者事实无人赡养的老年妇女。了解这些救助政策，做好宣传，特别有利于对弱势女性群体的帮助。

关注妇女儿童的重大事件也非常重要，一些在全国或在地区有影响的事件，无论是正面的还是负面的，都要时刻关注，做出正确判断并向妇女群众宣传。

三是关注本地区的政策导向和妇联对主要工作的要求。在社会发展进程中，各地有自己的发展思路和工作重点，妇联宣传要围绕这些工作展开。特别是与妇女儿童工作相关联的，如乡村治理和社区治理中女性的参与、妇联基层组织建设的要求、巾帼乡村振兴、儿童事业的发展、女性在社区管理中的作用等，都是宣传内容。

第二，提升综合素质能力。

宣传涉及多方面能力，一是把握现实的能力。围绕本地区妇女工作的实践,了解妇女活动、需求、问题等。全面、深刻、辩证、发展地了解全部情况,才能看到真实的世界。

二是研究问题的能力。以问题为导向做好宣传工作,会有更丰富的理性思考,要发掘事情的深刻内涵,研究规律,提升掌握规律、运用规律的本领。

三是说和写的能力。在语言表达上下功夫,用朴实无华、通俗易懂、生动形象的"百姓话"宣传引导群众。学会写新闻报道、舆情评论等,掌握基本的写作要义。

四是统筹策划的能力。在内容上,把党和政府的关注点与妇女们的关注点结合起来;在形式上,用现代传媒手段和新型文化载体以及群众喜闻乐见的形式;在宣传对象上,根据不同妇女群众的需求,把党的声音和妇联的关怀送到群众心里;在队伍建设上,培养一批有宣传能力、有群众情怀、有专业水平的宣传员。

第三,利用网络媒体做好宣传。各地妇联官网为基层妇女工作提供了很好的宣传平台。有的栏目直接就叫"基层之言""执委之声"等。对本村(居)与妇女儿童相关的活动,写出新闻报道的稿子,传送到相关网站和微信公众号上。如反对家庭暴力、巾帼禁毒、关爱单亲家庭、家庭文明建设都是妇联关注的重点。在本村(居)建立妇女微信群,在群里传达妇女儿童的相关政策、传达相关的信息、宣传好人好事,也是不错的宣传方式。

53. 怎样提高调查研究的能力？

2023年3月，中共中央办公厅印发了《关于在全党大兴调查研究的工作方案》，并要求各地区各部门结合实际认真贯彻落实。坚持"转作风、大调研、大走访、察妇情、办实事"的工作作风，是从全国妇联到各基层妇联长期以来坚持的好传统。那么如何提升调查研究的能力呢？

第一，掌握调查方法，方法主要有四种。

一是随机走访。执委生活在群众当中有很好的群众基础，可以随时了解群众的烦心事、操心事和揪心事，做到心中有数。

二是座谈访谈。与群众直接谈话，可以是一对一访谈，也可以召开座谈会集思广益。面对面访谈，可以比较深入地了解妇女群众的具体需求，了解事情本质特征和真相。

三是问卷调查。设计科学合理的问卷，通过数据分析，全面和广泛地了解群众的想法和解决问题的思路，问卷调查涉及面广，内容丰富，有助于对基本情况的掌握。

四是网络调查。随着互联网的普及和智能化手机的运用，网络调查越来越便捷和有效，设置符合实际的题目或问卷，可以更广泛和真实地掌握情况。

调查方法可以综合运用，随机访谈加网络问卷，多角度、多层面了解情况。

第二，确定调查内容，一般可分成三类。

一是基本情况的调查。对某项情况的调查，如农村妇女和留守儿童情况调查，通过走访家庭和妇女儿童，摸清底数，特别是留守儿童、孤儿、精神障碍者、残疾人和独居留守老年妇女等重点群体和有家庭暴力行为、家庭成员关系不睦、婚恋纠纷、财产纠纷等风险隐患家庭的基本情况。通过对人员构成、年龄分布、家庭情况等要素进行普遍摸底和统计，做到心里有数。

对妇联组织发展情况的调查也是需要掌握的，如妇联队伍建设、活动场所、活动内容、工作特点等。把握基本情况，能为有关部门的科学决策提供依据，方便对重点妇女儿童的关心和帮扶。

二是典型经验的调查。选择做得比较成功和有特色的典型人物或事例为调查对象，注重从做法和经验上进行概括。如某村巾帼志愿服务队是一支优秀的队伍，为了总结其经验可做一个调查，做了哪些服务，具体怎么做的，效果怎么样，有什么值得推广的经验等，通过调查达到推广的目的。

三是社会问题的调查。这类调查是选择某个带有普遍性的社会问题进行调查。有关妇女儿童的问题是多方面的，如低龄儿童养育问题、女童在校园受欺凌问题、女性遭受家庭暴力问题、女性吸毒人员问题、老年女性的身体和心理问题等。调查要有问题导向，如分析未成年人犯罪的人员构成，可以从发掘问题入手，为什么流动人口家庭的孩子容易出问题？家庭教育对孩子的成长带来什么影响？成年人犯罪的低龄化与家庭教育是什么关系？如何提升流动人口家庭教育的有效性？家校社如何合作共同做好未成年人的教育工作？多个角度切入，有助于了解原因，对症下药。

第三，写出调查报告。调查后，最重要的是形成调查成果，也就是调查报告的文本。文本格式要求：

一是标题。标题有两种写法，一种是单标题，直接写明调查的内容和地点，如《××村女性健康情况的调查报告》；另一种是双标题，即主标题概括文章主题，副标题表明调查对象，如《奉献友爱　互助进步——××村巾帼志愿服务队的调查报告》。

二是正文。前言部分，写出调查的目的、时间、地点、对象、范围、方式、经过、结果并直接点出报告主题，前言突出要点即可。正文安排好结构，可以是纵式，即按事情发展过程或时间顺序组织文章，顺叙娓娓道来，循序渐进，比较清晰，如对某个问题的调查，可以从问题的发生到发展再到结局来写；也可以是横式，即按事物的特点、性质归类，分成若干部分来写，如经验性的调查，可以从不同角度介绍经验；还可纵横结合，讲事情和人物用纵向结构，讲经验和做法用横向概括。

三是结尾。归结全文，可深化主题，引人思考，也可自然收尾。

54．怎样提升化解矛盾的能力？

面对妇女群众有事找妇联解决，有矛盾找"娘家人"倾诉，执委需要提升化解矛盾的能力，那么怎么提升化解矛盾的能力呢？

第一，情、理、法相结合。法是最公平公正的，但成本最高；情是最有效的，成本最低；家里讲理不太容易，"清官难断家务事"就因柴米油盐很难理得清、理得明。在矛盾调解中，把"情"放首位比较明智，因为家人都有亲情基础。调解时，抓住夫妻情、手足情做工作，效果会更好。当然也要注意道德与法律之间的关系，既要坚持依法调解，更要贯彻以德感化，通过公序良俗、社会舆论、人的良知等道德观念作出规劝，疏导化解家庭矛盾。

第二，运用合力调解。调解矛盾时，有时仅靠妇联一己之力会捉襟见肘。可利用熟悉当事人情况的亲人、知心朋友一起参与调解。特别是在农村，亲情关系更密切，调动亲戚或村里长辈参与调解会更容易些。对重大疑难纠纷，可让村委会、居委会或当事人的单位参与协助解决。对有现实危险的矛盾纠纷，应主动与公安司法部门联系，以防范危险事情发生。

第三，讲究调解艺术。调解人要尊重当事人，先稳定情绪，再调整事情。将大道理同当事人的现实生活联系起来，转化为贴近实际生活的小道理，可以将自己的生活经验与对方分享，提高信任度和同理心。调解时要掌握节奏和方式，语言可以和风细雨、温和细致，也可以坚定果断、斩钉截铁，特别是涉及原则性问题，一定要态度明朗。不要把话说死，给双方都留有考虑的余地，尊重当事人的自尊心，保护隐私，不得将调解具体内容公之于众。

55．怎样提升妇联的凝聚力？

将广大妇女群众凝聚起来形成一股力量，是做好妇女工作的基础，那么如何提升妇联的凝聚力呢？

第一，融入妇女群众中。执委要善于和不同职业、不同年龄、不同阶层的人打交道。多参加社区群众组织的社团，如广场舞队、书画班等。在团队中亮明妇联执委身份，让群众信任你，展示妇联的向心力。

第二，组织活动或项目。活动最有利于增强凝聚力，如组织"430"课堂项目，让孩子放学后到儿童之家看书和写作业。"三八节"期间，组织妇女和家庭活动，如拔河比赛、家庭运动会等。也可以组织公益活动，一起看望老人、关爱单亲家庭等，让群众在活动中凝聚在妇联周围。

第三，重视妇联团队建设。在妇联内部，组织执委学习、交流和表彰的团建活动，让大家有成长的空间、有奉献的成就感、有团结的凝聚力。组织团建时，注重团队精神和规范化的着装，如穿上统一的巾帼志愿者背心，让群众看到十几位执委是一个整体，本身就很有凝聚力。

第四，执委带头做表率。执委处处起模范带头作用，各项工作走在前。如村（居）组织大型活动，需要招募志愿者，妇联执委要主动报名并积极投身组织和引导，让妇女群众看到执委的先进性，真心感受执委的力量。

56. 怎样提升激励能力？

激励是对人内心动力的激发，通过调动积极性更好地完成目标任务。那么如何提升激励能力呢？

第一，自我激励。妇联的自尊、自信、自立、自强精神是自我激励的力量。基层妇联工作每天忙忙碌碌，可能看不到什么大的成效，时间一长工作热情可能会减退，甚至有懈怠情绪。这时需要激励一下自己。如设立工作目标，激励自己每天前进一点点，多鼓劲不泄气。特别是得到群众认可时，成就感就是一种很好的激励。

第二，激励群众。妇联有时精心策划的活动，做了轰轰烈烈的宣传，群众参与度却不高，来者寥寥无几，现场冷冷清清。为什么会造成这种局面呢？原因之一是没有用好激励方法。可将物质激励与精神激励相结合，准备一些小礼品，吸引群众参与，也可进行知识答题竞赛或有奖问答，让参与者有一种荣誉感。

第三，工作激励。基层执委很多是兼职的，没有工资待遇，因此工作成就感、荣誉感和为民服务的初心是非常重要的。可以根据执委特长和能力匹配相应的工作岗位，如有的执委性格安静，可以安排在活动时做登记和签到的工作；有的执委性格活泼开朗，可以安排在现场调动气氛；有的执委擅长沟通，可以安排做接待工作等。执委完成了既定目标，妇联主席可以给予口头表扬："这次工作完成得不错、表现得非常出色，大家辛苦啦！"也可以给一些小小的物质奖励，让执委感到有被认可的感觉,从而激发她们的工作热情。

57．怎样提高选贤用人的能力？

管理中有一个重要的内容,就是选贤用人。基层妇联工作要选拔优秀人才,依靠骨干力量服务群众,才有人干活。那么如何选人用人呢？

第一,坚持德才兼备、以德为先、任人唯贤的原则。选择政治可靠、拥护党的领导、具有为妇女服务的事业心、责任感强、乐于助人、积极向上并能独立解决问题的女性为群众服务。

各村（居）都有一些积极分子,特别要发现和关注其中的中共女党员,调动党员的积极性。目前很多地方建立了"双报到"机制,要求机关、企事业单位党组织到所在地社区报到,实行共驻共建；在职党员到居住地社区报到,组织党员开展志愿服务。这种方式充分发挥了党员在村（居）中的作用。很多下沉到基层的工作,如垃圾分类"站桶"的监督服务、农村清明时节的防火工作、各个节点的庆祝活动等,都有很多共产党员志愿者的身影,依靠党员一起干,可以让群众对党有更深刻的认识。

第二,坚持"人尽其才"的原则。将居住在本村（居）的专业技术人才做好备案和登记,如种养殖女能手、女医护人员、女教师、女公务员等,与她们保持联系,发挥其专业特长。如组织儿童心理健康活动时,调动心理教师的积极性。组织巾帼健身队时，寻找那些热心健身又有舞蹈特长的女性。鼓励农村女能手带动留守妇女一起发展，带领她们共同致富，真正做到人尽其才。

第三，加强对女性人才的培养。鼓励年轻女性参与村（居）工作。组建巾帼志愿服务队时，特别要吸引女大学生和年轻女性参加。学生放假期间，给回乡的女大学生提供服务平台，让她们对邻里有帮助，对家乡有情怀，助自己快成长。很多老同志热心做群众工作，有方法、有热情，要注意"传帮带"，以培养更多年轻女性参与公益活动。

58．怎样提升理论研究的能力？

妇联工作不仅要实操，还应学会理论思考，随着学历提升和有学术研究能力的女性成为妇联执委，对基层妇女的现实问题进行理论探讨是很有意义的。那么如何提升理论研究的能力呢？

第一，学习相关理论。中国特色妇女学理论包含的内容非常丰富。习近平总书记关于妇女儿童的重要论述是指导妇女学理论研究的根本遵循。同时，女性学涉及政治学、哲学、经济学、法学、历史学、心理学等一系列学科，如马克思主义妇女观、女性的历史地位及作用、妇女解放的途径、女性的心理特征、性别平等的理论、新时代妇女创业创新的社会影响、中外妇女运动的比较等。延伸起来包括妇女人类学、女性主义哲学、妇女心理学、妇女社会学、妇女历史学、妇女美学、家庭学，等等。我国的女子学院开设了不少相关课程，一些教材和书籍可以系统学习。如魏国英主编的《女性学概论》，姜秀花、马焱主编的《男女平等价值观研究论集》，佟新的《社会性别研究导论》《性别社会学》等都是不错的学习书目。

理论学习可以读书、参加培训，也可以运用网络学习，推荐"中国妇女研究网"，它是由全国妇联妇女研究所主办，展示中国妇女发展状况、宣传妇女研究成果、促进妇女发展、推进男女平等进程的电子政务平台。具有"全面性、公开性、便民性、互动性、共享性"特点，里面很多学习资料都非常实用。

第二，理论与实际相结合。学习理论的最终目的是指导实践。基层涉及妇女儿童的问题很多，分析这些问题，找到原因，提出解决问题的思路，是需要用理论指导实践的。一些基层妇联在社会治理工作中有很多创新，学者们也在这方面进行探讨，如"反家庭暴力法治体系建设的发展与进路""农村家庭教育指导服务模式的探讨与思考""对农村出生性别比失衡的研究与对策""生命历程视角下老年照料与女性健康""隔代照料对女性老年人健康轨迹的影响"等，都是理论与实际结合得很密切的研究课题。

第三，撰写相关的理论性文章。对执委来说，理论性文章不是纯学术论文，而是工作研究或调研文章。这一文体的要求是：摆问题、析原因、找对策。也就是运用一定的理论对现实问题进行分析，找到问题的症结所在，并提出切实可行的对策。

如《乡村振兴中女性赋能的研究》一文的框架：摆问题——从乡村振兴中女性缺乏哪些能力入手，如经济发展能力欠缺、文化支撑能力不足、科学管理能力不到位等方面摆出问题。析原因——对女性友好的政策落实不到位、女性自身专业素质有待提升、性别平等的观念宣传不到位等。找对策——用马克思主义妇女观指导，发挥女性推动历史和现实的作用；重视综合治理，加大对女性的扶持力度；促进女性的自我觉醒，提升女性的综合素养。基本架构搭好了，写起来就顺手多了。

第四，明确文章的去向。撰写理论文章之前，要明确给哪里投稿，是内部刊物还是公开刊物，是专业刊物还是综合刊物，是纸质媒体还是网络媒体，有针对性地围绕刊物组稿要求投稿，更容易发表。这里推荐《妇女研究论丛》《中国妇女报》《中华家教》等，都是学习妇女学理论很好的资料。另外，中国妇女研究中心每年都在全国范围内征集妇女理论与现实的文章，其中很多内容涉及基层妇联工作，执委们可关注并积极投稿，如能入选，是一个很好的学习和提升机会。

下编
工作指导编

59. 如何做好妇女群众的政治思想工作？

《中华全国妇女联合会章程》关于妇联任务的第一条强调了妇联思想工作的重要性："组织引导妇女学习贯彻习近平新时代中国特色社会主义思想和党的路线方针政策，用中国特色社会主义共同理想凝聚妇女。"思想引领贯穿在各项工作中，那么，如何做好妇女的思想工作呢？

第一，运用活动做好思想工作。妇联组织丰富多彩的活动，传播正能量，有利于思想认识的提升。2021年建党百年之际，各地妇联广泛开展了以"巾帼逐梦绽芳华 献礼建党100周年"为主题的活动，倾情礼赞共产党。各地妇联举办了各种红色活动：红色墨记山水画作品展、走红色教育基地受革命传统教育、送温暖关爱困难妇女及家庭活动、庆祝建党百年大合唱汇演、组织观看爱国主义电影等。基层妇女群众积极参加活动，从思想上受到洗礼，再一次体会到没有共产党就没有新中国，就没有新时代新发展，大大提升了广大妇女听党话、感党恩、跟党走的信心。

第二，突出典型做好思想工作。通过选树各行各业优秀妇女及文明家庭的典型，引导妇女呈现向上向善的精神风貌。三八红旗手和三八红旗手标兵的评选、寻找最美家庭、评选十佳好军嫂、评选最美基层妇联人、评选十佳巾帼文明岗、评选十佳巾帼建功标兵等推选活动都是好典型的推广。如广东省妇联在2023年庆祝"三八"妇女节的活动中，创新地用故事会的形式将典型人物的事迹访谈出来，其中深圳市红树林湿地保护基金会的副理事长孙莉莉为绿美广东奔赴山海、佛山市古灶村党委书记陆秀兴敢啃硬骨头推动整村改造、广州九尾信息科技公司的年轻创业人甄蔼仪创立兼职猫等六位典型人物的故事，鲜活地展示了榜样的力量。使大家学有形、做有样，对提振女性积极向上的精神风貌起到榜样作用。

第三，凝聚力量做好思想工作。妇联工作往往是双向的，妇联联系妇女群众，群众找妇联组织，双向密切联系，才能建立良性互动。妇联在妇女群众聚集的地方，选拔优秀妇女代表设立"执委工作站"，让群众紧紧团结在妇联周围，也可通过联谊活动让群众在服务他人中来一次精神洗礼。

第四，多办实事做好思想工作。党的二十大报告指出："我们深入贯彻以人民为中心的发展思想，在幼有所育、学有所教、劳有所得、病有所医、老有所养、住有所居、弱有所扶上持续用力。"在这些内容的服务上,基层妇联执委是最直接的服务人。如一对夫妻找到妇联说家里老人非让他们离婚,原因是怀不上孩子,但他们还是相爱的,可又没有办法劝说老人,希望妇联帮助解决。一位妇联执委主动承担调解工作,一面上门劝解老人,一面积极帮助小两口联系医院。半年后,小两口高高兴兴地来感谢妇联,经过治疗终于怀上了孩子。宝宝出生后,全家敲锣打鼓地给妇联送来锦旗,群众驻足围观时都说,妇联真是为群众服务的,有人称妇联是"送子观音",以后有事就找"娘家人",务实的行为感染了群众,提升了向心力。

第五,依托网络做好思想工作。各级妇联携手电视台、电台推出"妇联好声音""妇女心声"等栏目,致力于讲好妇联好故事,彰显妇联好形象。如《巾帼风采》邀请优秀妇女上线访谈,宣传先进经验、先进人物;《妇情热点》介绍妇联的重点工作,营造良好的舆论氛围;《妇联资讯》介绍各级妇联系统最新动态等。全方位、立体式地宣传,让群众听得明白,看得清楚,思想境界也得到提升。

60. 怎样将广场舞队组建成妇联的巾帼志愿队?

广场舞队几乎是每个村(居)的标配,是群众自发组织起来以健身为目的的队伍,大家从"一起跳舞"到"互相倾诉"再到"互帮互助",越来越受到欢迎。基层妇联如果能把这些队伍组织起来,成立巾帼志愿队,会起到团结、动员、服务妇女群众的积极作用，彰显"奉献、友爱、互助、进步"的志愿精神。那么如何做好这项工作呢？

第一，发现和培育"带头人"。留心寻找有组织能力、有公益精神、有专业水平的骨干力量。舞蹈队有两种人值得关注，一是专业人才，也就是领舞者；二是组织人才，也就是召集人。她们有热心、有公益心，妇联可主动与她们沟通交流，对于特别优秀者还可将其吸纳到妇联担任执委，成为妇联组织的骨干力量，更好发挥领头雁作用。

第二，将组织归于妇联属下。经调查协商，征求意见，对自发的广场舞队进行重组，将其归于妇联组织属下。时机成熟后，可举行冠名活动，如"××村巾帼健身队"，基层妇联主席或执委最好参与到班子中。如能争取到经费，给舞蹈队配备些常用的器材，会让大家更有归属感。

第三，提供优秀的展示平台。在一些节点上组织活动，让巾帼健身队亮相。也可组织与相邻的村（居）开展交流展演和公益演出，加强妇联组织和群众的沟通交流。还可提供志愿者平台，如参与村（居）的环境整治、敬老爱老、儿童课外服务、帮助残障妇女儿童、协助村（居）事务等，通过平台聚集力量，服务妇女儿童。

第四，增强团队身份认同感。舞蹈队接受妇联组织领导后，可规范使用全国妇联发布的巾帼志愿服务标识、旗帜、徽章等。在开展志愿活动时，统一穿上印有"××村巾帼志愿者"的背心，提高形象辨识度，增强巾帼志愿者的身份感与荣誉感。可建立巾帼志愿者回馈制度，给予志愿者星级评定、积分兑换等待遇。通过表彰和宣传，保护巾帼志愿者的积极性和热情服务，使巾帼志愿队成为人人参与、人人认可、人人称道的光荣事业。

61. 如何通过网络做好基层妇联工作？

2023年4月，中央网信办等五部门联合印发了《2023年数字乡村发展工作要点》，要求加快补齐乡村网络基础设施短板、持续推动农村基础设施优化升级、稳步推进涉农数据资源共享共用。在数字建设的硬件设施越来越完善的今天，中国网民已突破10亿人，据统计，网民男女比例为51.7∶48.3[①]，与整体男女比例一致。那么如何通过网络做好服务妇女儿童的工作呢？

第一，了解网络作用。互联网不仅帮助人们学习和生活，而且在基层妇联工作中发挥着重要的作用。其主要有以下五个作用：

一是舆论引导作用。通过宣传传播，引领妇女群众真心实意听党话、跟党走。二是宣传组织作用。传播妇联工作，发布相关活动信息，如读书活动、亲子活动、志愿者服务，让更多妇女参与到村（居）治理中。三是成果展示作用。通过媒体展示女性的工作情形、生活状态、文艺作品，儿童的快乐生活，家庭的和睦情景等。四是市场推广作用。以图文并茂的形式展

---

① 《动画：中国女性的互联网之路》，中国日报网，https://cn.chinadaily.com.cn/a/202303/08/WS6407f689ada8b232791.html。

示巾帼力量，特别是建立诸如"巾帼示范基地""女性非遗作品"等平台，推广优质"妇"字号农产品、手工艺品，以获得经济效益和社会效益双丰收。五是学习提升作用。通过网络开通各种女性大学堂、女性论坛等，传播种养殖技术、直播带货、电商经营、夫妻关系、家庭教育、法律法规等讲座，使广大妇女增强对妇联的认同感和归属感。

第二，提高分析判断能力。如今，每天从网上接收信息已成为生活习惯，重大事件、社会热点及突发事件、方针政策等，打开手机，就有大量信息扑面而来，因此对信息要有分析和判断的能力。接到信息后，不要马上转发，要冷静分析事件各个环节的真实性。特别是涉及妇女儿童相关的案例，往往容易成为舆情焦点，更要准确判断。如有条信息说，某地一天发生了十几起儿童失踪案，需转发寻找。如有知识储备就知道，目前我国打击拐卖妇女儿童的力度特别大，此类案件大为减少。公安部开展"互联网+反拐"工作，截至2021年3月，"团圆系统"找回率达到98.1%；拐卖儿童犯罪发案数也大幅下降，盗抢儿童犯罪的年发案数降至一年20起左右。[①]所以不可能在一天之内突发十几起此类案件。有了判断力，就不至于出于好心却传播了谣言。

第三，利用网络宣传信息。利用网络优势，建立村（居）网络平台，将与妇女儿童相关的法律政策、活动信息、培训信

---

① 《公安部：截至2021年3月 "团圆系统"失踪儿童找回率达98.1%》，中国新闻网，https://www.chinanews.com.cn/gn/2021/03-15/9432441.sthml。

息、服务信息等发到网络平台。还可通过精美的图片、通俗易懂的文字、生动的短视频传播信息，让妇女群众在网上就可以了解政策、参与活动、反映问题、提出建议。

第四，利用网络支持妇女发展。在农村，引导农村妇女学习直播技巧，如运用网络宣传本地土特产，开展特色农产品线上销售。在城市，通过网络拓宽妇女的创业之路，发布招工就业信息等。如指导开办购物群，很多社区开设了网上购物团，这些"团长"几乎都是妇女，她们通过网络经营，不仅满足了居民实际生活需要，还带来了经济收益，获得双赢。

执委在运用网络宣传时，要特别关注老年妇女、困难妇女和残疾妇女等特殊群体，帮助她们提升运用网络的技能。如举办网络培训班，指导她们学习和运用智能手机，让她们更好地融入社会的发展。

第五，坚决反对网络暴力。当有重大事件发生时，一些网络谣言、网络暴力往往会污染网络生态文明。有的人肆意制造谣言，有的人发动人肉搜索侵害隐私，给当事人带来身心伤害。执委们一不能跟风，二要及时制止，保护当事人权益。特别是关于妇女儿童的网络暴力发生时，妇联更要积极地站出来，用法律武器维护她们的权益。引导妇女做巾帼好网民，文明上网、理性表达。

62. 如何组织妇联的学习培训工作？

基层妇联组织培训是提升妇女群众综合能力的有效方法，

那么如何组织好一场培训呢？

第一，拟订培训方案。方案包括培训主题、培训对象、培训经费、组织协调等内容。培训主题要切合本地妇女群众的实际需求，如女性心理调适、创新创业技能、妇女维权等都是基层妇联非常需要掌握的知识点。对家长的培训可关注低幼儿的养育、青春期孩子的沟通技巧、儿童性安全教育和自我保护等内容。培训方案要切合实际有可行性和可操作性。

第二，利用培训资源。培训要找老师、找地点、找资金等，发挥妇联组织的联络功能，充分利用本地社会资源与人力资源，为妇女和儿童提供专业化培训。也可联系有培训资质的组织，包括学校、机关、企业、社工机构和民间公益组织等，注意收集师资信息，建立师资库，方便培训之用。

第三，做好组织工作。从确定培训课题、撰写培训方案、落实培训场地、衔接授课老师、通知培训对象等前期准备，到开课时学员签到、音响投影等相应器材的配备和试用、老师的迎来送往、课程中的拍照或录像，每项工作都要落实到人，才能顺利进行。

第四，培训方式多样化。讲课是最常用又是最简便的方式，但给成人讲座，光是讲和听效果不一定好，要有互动，让听众在参与中提高学习兴趣。可以运用课堂游戏、小组讨论、头脑风暴、团队展示等方式提升培训效果。随着信息化的发展，线上培训方式也在普及和盛行。线上培训的优点是传播面广、方便和安全，不足是直观性不够、互动性不强，特别是在农村山区，如果网络信号不好，也会影响培训效果。培训时可根据情况进行调整,做到线上线下结合,提升培训效果。

第五,收集培训反馈。培训活动结束后,收集对培训内容的满意度、对培训老师的评价、今后培训内容的需求等,反馈给培训机构和老师,以便今后不断改进,同时还要写新闻报道稿进行宣传。

63. 如何与社会机构联手做好妇女儿童工作?

服务妇女儿童的社会组织很多,包括社会团体、社会服务机构、基金会等。如何与机构合作呢?

第一,了解与妇女儿童工作相关的社会组织。为妇女儿童服务的组织有不少,如女企业家协会、女律师联谊会、儿童基金会、妇女学研究会、婚姻家庭研究会、农村女带头人联谊会、家庭服务行业协会、妇女手工协会、巾帼社工团队,等等。很多社会机构也一直在服务妇女儿童。社会组织参与妇女儿童工作,能拓宽多元化的公共服务供给,让专业人做专业事,会把事情做得更圆满。妇联要多与他们联系,并核实其资质的合法性,选好服务机构。

第二,拓展与相关组织的合作空间。基层妇联在为妇女儿童提供服务时,由于其多样性和专业性,仅靠妇联自身很难完成任务。如心理辅导、妇女权益保障、妇女创业就业、反对家庭暴力等工作,需要更专业的指导和服务。如贵州省遵义市授牌成立了全省首批"法院+妇联"家庭教育服务中心,妇联系统与法院联动共建。人员由法院工作人员及妇联、法院联合聘请的家庭教育指导师和心理咨询师组成,确保了此项工作合作顺利。基层妇联可以广泛联系各种组织,了解其运营管理和发展模式,拓展合作空间服务妇女儿童,并通过正规的招标方式合作。

第三,争取各方资金支持妇女儿童工作。做好专业化服务需要专业的人才队伍建设、阵地建设、服务内容等,这些都需要资金。在与社会组织开展合作中,可向当地政府争取专项资金,也可引导社会组织参与政府购买服务。政府出一点,村(居)出一点,个人出一点,共同集资也是有效的方式。

第四,健全第三方监督评估机制。建立第三方对合作机构的监督和评估机制,推动服务标准化和规范化。第三方全过程监督评估,发挥平台、督导团队和社会组织的协同作用,能确保合作服务项目有效运作。

64. 如何发挥执委个人特长为妇女儿童服务?

妇联执委中不少是有特长的能人,要充分调动其积极性服务妇女儿童。怎样发挥其特长呢?

第一,了解妇女儿童的需求。关注妇女儿童急难愁盼的事情,才能提供精准优质的服务。如上海市发动"万名妇联执委走基层"活动,开展"妇女需求调研月"活动,各级妇联执委们深入基层,到群众中倾听建议,有针对性地提出解决问题的各种方案,服务更精准到位。

第二,联系实际发挥特长。如执委是村里的种养大户,可通过传授种养知识，链接资源，带领妇女姐妹共同致富；执委是熟知妇女维权政策的律师，可提供婚姻矛盾调解、解决邻里纠纷的服务；执委有某项文体特长，可以组织文体专业培训班，并担任指导老师；执委是退休教师，可为放学后的孩子辅导学业。上海的"万名妇联执委走基层"中，执委们各显其能，如杨浦区妇联执委设计了法律心理援助和家庭健康师的便民服务项目；宝山区妇联组织最美家庭执委到民政婚姻登记处为新婚夫妇颁证并送上祝福；女检察官执委为推动利用检察院罚没资金，设立性侵女童关爱基金，关爱特殊女童等。各展其长，为妇女儿童提供了有特色的服务。

第三，有责任感和参与意识。执委不仅是一种荣誉，更是一种责任，各级妇联开展"亮身份、亮阵地、亮承诺，办实事"行动，把妇联执委的作用充分"亮"出来。通过"我是执委我亮牌""我是执委我宣讲""我是执委我践行"等系列活动，引导执委围绕大局服务群众办实事。2023年"三八"国际劳动妇女节期间，广州市妇联开展了"我为妇女群众办实事"的活动，一些金牌执委积极参与活动，不仅培养了执委的责任感和参与意识，还让群众感受到执委就是亲人，是值得信任的人。

65．如何做好巾帼志愿服务？

巾帼志愿服务是社会志愿服务的重要组成部分，村（居）巾帼服务以"立足社区、面向家庭、见诸日常、细致入微"为工作宗旨做好服务。那么如何做好巾帼志愿服务呢？

第一，组建队伍，搭建巾帼志愿者平台。

建好巾帼志愿服务队伍要聚集多种力量：一是妇联干部、执委带头加入巾帼志愿服务组织，形成主导力量；二是吸纳各种人才，如教育、科技、司法、文体、卫生健康、社会工作等专业领域的专业人才，形成专业力量；三是动员本地优秀妇女，如三八红旗手、有爱心的医生和老师、巾帼建功标兵、最美家庭、女性致富带头人等参与，形成骨干力量；四是鼓励本地热心为妇女儿童服务的女性加入，形成社会力量。四支力量携手并进，形成服务妇女儿童强大的巾帼力量。

第二，建章立制，规范巾帼志愿者管理。

一是要形成规范的管理制度，从招募、注册、服务记录、社会保障等方面进行规范化要求并形成制度。如秦皇岛在巾帼志愿者的驿站建设中，公开规范了管理流程，制定了《爱心秦皇岛捐助驿站管理办法》和《爱心秦皇岛捐助驿站物资接收、发放管理办法》，统一设立爱心驿站捐赠物品接收、发放、转交、转收台账等制度，确保科学、规范、公开、透明的程序，自觉回应各界关切并接受社会监督。

二是要健全激励机制和回馈制度，制定精神奖励为主的褒奖激励措施，提高巾帼志愿者的成就感和荣誉感。如在本地区的先进妇女及家庭评选表彰中，可向优秀的巾帼志愿者倾斜。

三是要完善信息科学管理，利用大数据和网络平台对志愿者信息、服务记录、奖励进行管理。在各地志愿者平台上统一注册登记，通过平台完成志愿服务搜索、志愿服务报名、志愿时长记录、星级志愿者展示等程序，既为巾帼志愿服务队提供展示平台，又为其提供丰富的活动选择。

第三，摸底调查，精准对接帮扶对象。

巾帼志愿者服务对象是妇女儿童和家庭，需要精准对接。如对困难家庭的致困原因、生活急需做到心中有数，将易返贫风险户、低保户、五保户、残疾户、贫困母亲和困境儿童等列为重点群体。对留守儿童基本生活保障和心理需求做好调查。按照缺什么要什么、志愿服务能提供什么的原则服务。

对社会各界的爱心捐赠物资，根据摸底情况统一确定帮扶对象，集中发放到各困难家庭。对因疾病、意外等突发事件造成生活困难的家庭，经审核后，随时采取应急救助。对特殊人员给予关心，如对服刑人员的未成年子女的帮扶，需要更多关爱和心理疏导。

第四，培育品牌，打造优秀的服务站点。

可根据本地区特点，打造"巾帼"品牌。如巾帼读书服务，可把亲子读书作为重点打造；关爱单亲家庭服务时，要抓住单亲家庭的生活需求和心理引导。打造品牌时，要设立叫得响的名称。如以下三个品牌就非常成功。

河北秦皇岛妇联建立了"爱心捐助驿站"和500多个巾帼志愿服务组织，在秦皇岛城乡8万个家庭、近千个集体之间接续传递，使巾帼志愿服务成为妇联嵌入基层治理体系、工作融入基层治理、力量加入基层治理队伍的重要抓手。

广东东莞妇联打造了"玉兰姐姐"志愿服务项目，开展推进生活垃圾分类、文明餐桌、公筷公勺、拒食野生动物、光盘行动等"绿色进我家行动"服务，成为叫得响的巾帼品牌项目。

广州市花都区秀全街道花港社区"秀全大妈"志愿服务队，成立了宣讲团、太极队、模特队等特色队伍，利用歌舞、快板等群众喜闻乐见的形式，把垃圾分类、扫黑除恶、禁毒等知识传达到千家万户，覆盖到每个角落。还组建了服务队、巡逻队、调解队等多支队伍，开展入户慰问、调解邻里纠纷、排查安全隐患、清理河道垃圾、接送孩子上下学等活动。"秀全大妈"志愿服务队被评为"全国巾帼文明岗"，连续两届登上"广州街坊"群防共治队伍品牌榜。

66．如何完善妇女之家和妇女微家的建设？

妇女之家是基层妇联做好妇女工作的重要阵地，具有宣传教育、维权服务、组织活动等功能。经过几年打造，全国各地村（居）的妇女之家基本都挂了牌，要让"家"更好发挥作用，还需不断完善。

第一，做好"家"的展示。妇女之家建设要做到"四有"，即有固定的场所、有活动的设备、有健全的制度、有丰富多彩的活动。基层场所往往"一室多用，一家多能"。为了让群众知晓妇女之家，要亮好"家"底。人员构成、组织架构、工作制度、工作内容等上墙张贴，相关活动的照片可制成版面宣传，让妇女群众知道"家"在哪里，"家长"是谁，有哪些服务，做了哪些活动，可以提供哪些服务等，这样有问题了,可以直接找到娘家人。

第二,组好"家"的队伍。妇女之家一般由村(居)妇联成员组成,专兼挂职主席、副主席及妇联执委负责日常事务管理。也可发动妇女群众组建巾帼志愿服务队,协助妇女之家开展活动和服务,成为召之即来、来之能干、干之能成的妇联服务队伍。

第三,开展"家"的活动。定期或不定期组织服务妇女儿童的活动,吸引妇女主动到妇女之家来。很多妇女之家精心设置了家庭剪影室、妇女谈心室、儿童手工室、辅导培训室等,要充分利用好这些场所。如某村妇联经常组织村小学教师到妇女之家开设第二课堂,讲授家长教育课;在本村招募大中学生利用周末、暑假为留守儿童辅导功课;组织医护人员向妇女讲解健康知识和疾病防治知识;开展各种贴近妇女,有益于身心健康的文体活动。使妇女们有空就来"家"坐坐,有事找执委们聊聊,使之成为妇女们离不开的温馨家园。

还可举行常态化活动,如瑜伽班、书法美术班、棋类班等。如某村建立了一支女子乒乓球队,球队经常在妇女之家组织训练,请了教练指导,后来成长为打遍周边无敌手的女子乒乓球队,拿了很多大奖,不仅聚集了人气、锻炼了身体,还增强了凝聚力。

第四,联络"家"的资源。吸纳本辖区内优秀女性、热心女性,按其特长和服务意向组成"爱心妈妈""心理咨询""困境帮扶"等特色志愿者服务队。还可引进支持妇女工作的爱心企业、社工组织、学校教师等优质社会资源,协助妇女之家工作。在妇女之家设置妇女维权站和心理咨询室，为有需求的妇女及家庭提供法律咨询、家事调解、心理调解等服务。

第五，加强"家"的宣传。通过宣传横幅、张贴宣传画、宣传好人好事和活动动态宣传妇女之家的工作。也可通过组建社区微信群等线上方式，让辖区内妇女了解妇女之家，并经常回到"娘家"找亲人。

"妇女微家"顾名思义就是"微小"的妇女之家，与妇女之家的不同是"微家"建立在多层次多领域中，妇女之家建在行政村或社区居委会。"妇女微家"也要通过规范化程序才能建立。

一是申报上级经批准。成立"妇女微家"，须向上级妇联组织申请备案，经考察和专业指导，通过正式文件下发，确定微家名称、地点、内容等，最后由妇联组织正式授牌，并接受统一管理和指导。

二是确定微家人员。选择优秀典型人物或有条件的机构成立"妇女微家"。如三八红旗手、巾帼志愿服务队领头人的家庭或工作单位，优秀女企业家、女科技致富带头人、女性社团组织负责人的家庭或工作单位，村民小组、社区网格、各类园区、商务楼宇等女性集聚的场所，有积极意愿、有影响的两新组织等。在优秀人物群体或组织中建妇女微家，能更好地解决妇女的身边事和烦心事。

第三，实施科学管理。妇女微家要做到"五个一"，即一个微阵地，基本能满足开展活动和服务的场所；一名微家长，找有爱心、有能力、有热心、有素养的优秀执委或妇女骨干任家长，统筹负责微家的建设、管理、服务等工作；一个形象识别标识，确立响亮的名称，如"石榴籽"微家、管家嫂微家、的嫂微家、舞动微家等，有特色又朗朗上口；一系列微活动，活动小而实，如调解家庭矛盾，处理邻里关系，给老人送温暖，接济生活困难的家庭等，这些事虽微小但务实；一种鲜明特色，不同领域建妇女微家，应有针对性地开展不同活动。如早教中心建微家，可开展育儿知识和夫妻交流活动；维权站建微家，可提供法治宣传和法律咨询服务；幼儿园建微家，可开展亲子活动和幼儿的性健康教育；小区物业或业委会建微家，可倡导邻里互助，调解纠纷，促进社区和谐。

67．如何建设社区家长学校并发挥积极作用？

社区家长学校是以未成年人家长为主要对象，是提高家长素质和家庭教育水平的阵地。那么如何建设社区家长学校呢？

第一，明确目的和任务。在社区建家长学校，可为社区家长提供便捷有效的家庭教育指导，特别是对低龄儿童家长的教育，为亲子教育和促进未成年人思想道德建设提供平台，让家长在家门口就可以接受教育。

家长学校的任务主要有：向家长宣传党和国家的教育方针、政策和法规，使家长了解党和政府对下一代人的关心政策。帮助和引导家长树立正确的家庭教育理念，掌握家庭教育的科学知识和方法。在为党育人、为国育才与立德树人、爱国主义教育和思想品德方面有所提升。向家长普及未成年人生理、心理知识和营养保健等常识，尊重儿童身心发展规律，尊重儿童合理需求和个性发展。

第二，对标社区家长学校建设的标准。一是要有场所，家长学校一般建立在村委会或居委会，最好有相对固定的办公、教学、活动场所；二是要有挂牌，社区成立家长学校后，可冠名为"××村家长学校""××社区家长学校"的牌子，并挂在醒目的地方，让家长能找到学校的大门，找到能解决问题的人；三是要有机构，有校长、有办事人员，虽然多是兼职，但也要做到机构健全、职责明确；四是要有制度，既然是学校，就要制定完善的章程及教学、管理制度，按制度办事；五是要有师资，利用、整合社区幼儿园、学校和社会资源，配备相对稳定的兼职教师队伍，可给教师颁发聘书；六是要有计划，有教学计划、管理计划等，可操作性要强；七是要有教材，妇联和教育部门有组织编的家庭教育教材，可进行选用；八是要有活动，按教学计划规定的教学内容、教学进度组织家长学校授课。每年授课次数可以根据教学计划安排，但一般每年不少于2至3次。

第三，提升教学效果。社区家长学校不是走走形式挂个牌，而是要通过培训家长看到实效。授课内容有理论教学，如家庭教育学、儿童心理学、儿童行为学等；有方法论教学，如遵循幼儿成长规律、怎样与青春期孩子沟通、怎样让孩子戒除网瘾等。课程安排做好管理，对出勤率、考核合格率都做好档案记录。设计教学评估表，课前课后收集家长对教学计划、授课老师、教学课件、教学方式的意见。对教学照片、家长反馈意见、家长学校总结等相关资料做好存档。

68．如何利用妇女维权站与信息服务站？

《妇女权益保障法》规定，县级以上人民政府应当开通全国统一的妇女权益保护服务热线，及时受理、移送有关侵害妇女合法权益的投诉、举报；有关部门或者单位接到投诉、举报后，应当及时予以处置。为了更好地维护妇女儿童的合法权益，一些妇联建立了妇女维权与信息服务站，履行依法维权的职责，帮助妇女解难事、办实事。那么基层执委怎样利用两个站做好服务呢？

第一，了解维权站与信息服务站的工作内容。妇女维权是一个很专业的工作，因此一般设在县级以上妇联，由2至3名专职工作人员与司法工作人员参与指导。维权站运用"一站式"服务机制，有12338妇女热线、"舒心驿站"心理咨询室、婚姻家庭纠纷调解委员会等维权服务平台，以畅通妇女诉求表达、权益保障的通道。

维权站工作主要有：协调处理妇女维权个案，对家暴、性侵等重点案件进行处理和解决；多形式的普法宣传，以提高妇女依法维权意识；依托网络综合服务平台，提供法律、心理、家庭教育等咨询和资讯；开展调查研究，了解妇女权益保护的重难点问题，为有关部门科学决策提供依据等。

第二，为有需要服务的妇女提供指引。

一是咨询服务。有三个途径，途径一是到现场窗口咨询，解决问题更直接；途径二是12338的电话咨询，电话24小时开通，工作时间由人工接听，非工作时间用语音留言等方式，过后回复；途径三是网上咨询，通过官网、微信公众号、电子信箱等方式提供线上咨询服务。

二是个案服务。请从事法律、心理、教育的专业人员或社工，帮助妇女和家庭解决问题。个案服务一般涉及较为复杂的矛盾、重大问题等，需多方沟通及较长服务时间。个案服务要做好登记、跟踪、结案、评估、回访等，并及时梳理案主需求与处理进度。

三是小组服务。组织有相似问题或相似经历的妇女组成互助小组，借助有经验的社工机构或心理咨询师给予指导。活动主题根据需要而定，如反对家庭暴力小组、青春期少年沟通小组、夫妻关系协调小组等。小组活动中，有相似经历的妇女通过互相倾听、互相开导，共同探讨和分享，并接受专业人士的指导，能从共性中得到经验，有利于问题的解决。

四是网上服务。依托当地妇联网站和微信公众号，建立妇女维权与信息服务网上服务站，为妇女群众提供网络咨询、网上信访等服务。如广州市妇联以妇女维权与信息服务站为平台，联合法院相关部门的18位女法官网上解答妇女群众婚姻家庭、民事纠纷等法律问题，直接又专业，得到群众一致好评。

第三，支持维权站工作。妇联执委要积极参与维权站工作，特别是有法律专业背景的执委要发挥长处。维权站经常有外展服务，即到基层开展宣传教育活动，如实施"三个一行动"，即举行一场户外宣传活动、开设一场宣传教育课、召开一场民主座谈会，执委要动员妇女群众积极参与其中，不断增强妇女的维权意识。

69．怎样运用心理咨询室做好服务？

为了关注妇女儿童的心理健康水平，妇联在妇女之家建立了妇女心理咨询室，为有需要的妇女提供心理健康服务。如何用好心理咨询室呢？

第一，建阵地。妇联的心理咨询室建设有一定要求，如广东省统一命名为"舒心驿站"，要求建在人口10万人以上的中心乡镇、街道。有的地方因地制宜，建在医院或社区服务中心。妇联可通过政府购买社会服务或与心理卫生系统合作等方式建立心理咨询室。要在醒目处挂牌并标上妇联标识，方便群众寻求帮助，如云南勐海县勐遮镇曼根村的妇女之家有一间挂着"悄悄话室"牌子的办公室，很多妇女都愿意到这里倾诉心声，通过妇联主席和执委与她们拉家常，平息了许多欲理还乱的家事和烦心事。

第二，组团队。心理咨询室的服务内容决定其团队的专业性，可通过政府购买服务或借助心理卫生系统的人士，组建专业的服务团队。一般由心理咨询专家和有相应资质的心理健康工作者组成。心理咨询室一般解决较轻的心理问题，如果有严重的心理疾病，还是建议去医疗机构寻求专业治疗。

第三，送服务。心理咨询室可通过面对面的个案心理咨询、心理健康知识讲座、心理援助热线等，为妇女儿童提供关于情绪疏导、家庭婚姻关系、亲子关系和心理健康知识的多种服务。形式也是多样的，可以开办培训班、上门服务、接待来访等。不少基层妇联以心理咨询室的名义聘请专家开设心理疏导的网课，效果很好。如广东东莞麻涌镇妇联通过"舒心驿站"网上课堂，邀请国家二级心理咨询师、广东省中小学心理健康教育培训讲师推出家长心理调适的微课堂，效果很好。

第四，明确服务流程。一般流程：

一是预约。通过打电话、发微信或到现场等方式预约，预约时，说明需要指导人的基本信息及面谈时间。

二是签署知情同意书。开展心理咨询前，咨询师或工作人员向来访者介绍心理咨询的情况、保密等事项，并让来访者签署知情同意书。

三是心理咨询和评估。咨询师根据来访者实际情况确定内容及次数。对前来咨询的来访者要有效果评估，做好回访记录及反馈，如需长期跟进，要做好定期回访记录。

70. 怎样撰写项目申报书？

项目运作在推动妇女儿童工作中越来越受到重视，通过项目争取资金，有利于整合内外资源，提高服务精准度，因此要学会撰写项目申报书。

第一，了解不同项目要求。本书中所指的项目是政府或各机构为了支持某项工作，设立特定的课题进行招标，在对项目负责人、申报资质、项目内容、项目效果等进行评估后，给予通过的项目资金扶持。有妇联内部的支持项目，有政府或社科基金的项目，还有机构专项公益项目等。为了更好地获得项目支持，要了解项目招标的具体要求，对标填写申报书。

第二，选择项目题目。选好一个角度，取好项目的名称是非常重要的。

一是小口子切入。与妇女儿童相关的项目涉及面很广，可选择某个点申报。如对于留守儿童，有生活照顾、家庭教育、心理调适等多元需求，可以从"与留守儿童结对帮扶""留守儿童亲子情感链接""关爱留守儿童安全"等小角度切入，更容易立项。

二是用性别平等理论指导选题。妇女儿童的每个项目都会涉及性别平等的内容。如某项目开始申报题目为"单亲母亲关爱营"，后经老师指导，改成"单亲家庭关爱营"，思路就拓展了，项目为困难单亲父亲也提供了帮助，项目有了性别平等意识，最后成功获批。再如亲子活动，多以妈妈参加居多，但一个项目确定为"小手拉大手·爸爸伴我行"，鼓励父亲参与家庭教育，项目也获准。性别平等理念的运用在项目运作中，是男女平等基本国策的落实，也从根本上提供了解决问题的思路。

三是有本土特色。项目要立足本村（居），如某村有传唱粤剧的传统，但多为老人们有这个爱好，为了传承粤剧文化，该村妇联在申报项目时，把对象定为儿童，项目名称为"小红豆"剧团演习班，项目获批后，在当地小学生中招生，培养了一批小演员，不仅突出了地方特色，传承了优秀文化，同时还让孩子们在学习粤剧中，增强了自信，传承了文化。

四是选空白点。空白点往往是最需要解决又不容易被发现的问题。如在农村留守儿童较多的地方，儿童的性安全教育特别重要。但对于儿童的性教育家长不好意思说，学校不知道怎么说，孩子更不知如何保护自己。某村妇联在项目申报时选择了这个空白点，村妇联与村小学联合申报了"大声说'不'——儿童性安全保护计划"项目，项目获批后，学校承担教学任务，妇联组织家长听课，项目越做越好。项目从性安全教育，拓展到反校园霸凌，又延伸到人格教育。后来村小学把这个项目做成了品牌，利用项目资金编写了《护苗行动——儿童性安全保护手册》，深受家长和儿童的喜爱。

第三，重视团队的资源整合。项目运作仅靠妇联本身的力量远远不够，要将资源科学组合才容易申报成功。可在项目中吸引本村（居）的专业人才、志愿者或执委甚至执委家属，只要有特长、有爱心，都可成为团队成员。为使项目整体化效果更好，与专业的社工机构合作也是很好的选择。

第四，填写项目申报表。申报表是项目发起单位制作的规范化表格，一般包括以下三个方面内容：

一是基本情况，包括名称、类别、负责人、申请机构、申报日期等基本情况。

二是申报者情况，包括申报者个人情况、机构的具体情况，如资质、成立时间、曾做过的项目、获得的奖项等。

三是项目整体情况，包括项目标题、项目意义、项目创新处、项目实施方案、风险评估、团队简介、资金数额、项目成效等。

填报申请书时事先要阅读填报说明，严格按要求仔细填写，内容要实事求是，不能虚报夸张。

71. 如何做好资料的存档和使用？

档案是最原始、最真实的记录，不仅反映了基层妇联的具体情况，也为检查提供了重要的事实依据。基层妇联工作细致而琐碎，那么如何做好档案工作呢？

第一，明确归档类别，档案一般涉及行政档案、业务档案、活动宣传档案和财务档案四类。

一是行政档案。与上级部门和其他单位的公文往来，包括请示、报告、通知、函、会议纪要等正式公文和与有关单位签订的合同、协议书等。妇联的专（兼）职人员的人事简历及相关资料、重要的会议材料等。

二是业务档案。与妇联业务相关的政策文件、项目申请书、资助协议、活动计划书、活动进度报告、活动记录表、活动总结等。

三是活动宣传档案。各类活动宣传报道的文字、照片、录音、录像、视频、印刷品等。网上的宣传报道也要留存，为了防止原始报道被删除，可以用截屏方式保留。

四是财务档案。日常支出财务的报销凭证、账目、审批手续及报表，预算计划、审计报告、统计报表等财务文档。

第二，做好分级索引。可按年度—项目—活动索引，如2023年—妇女创业项目—直播带货培训，2023年—满天星夏令营项目—亲子徒步活动。也可按年度—领域—事项索引，如2023年—妇女维权—陈女士遭受家暴事件，2023年—家风家教—亲子共读。分类要做到级别清晰，方便日后快速定位查询。

随着办公无纸化，电子文件取代了纸质文档，但不能忽略纸质档案的重要性，存档时，纸质档案和电子文档的命名和目录格式要统一规范。纸质档案要有专门的文件柜，电子文档要设置固定的电子文件夹，以方便查阅。

第三，灵活使用档案材料。要把档案用活用好，充分发挥其记录历史、传播宣传的作用。活动后可根据档案内容，撰写活动通讯稿，将人物、情境、活动成效照片等附上，使之成为历史记录。还可充分利用短视频等新媒体上传活动的精彩视频，发到村（居）网络联络平台，让更多群众知晓并参与其中。

72．如何发挥妇女在生态文明建设中的作用？

生态环境是满足女性最基本的生活需求和消除贫困的必要条件。增强妇女的生态文明意识，践行绿色发展理念，是基层妇联的职责所在。那么应该怎么做呢？

第一，身体力行，做环境保护的带头人。城市社区妇联可围绕"创文创卫""生态惠民"等品牌工作，带头开展形式丰富的环境宣传活动，组织妇女参与建设花园城市、低碳生活、垃圾分类等巾帼志愿服务活动。农村妇联执委在推动农村生态文明建设中，要把改变人居环境作为重要任务。如今，农村生态文明建设越来越规范，如2022年广东省妇联联合省农业农村厅下发了《广东省"美丽庭院"创建行动实施方案》，引导农村的生态文明从"整洁外在美"到"特色内涵美"，从而赋能广大妇女及家庭从"认识美、追求美"到"维护美、传播美"的升级。各级妇联执委要带头扫好自己的屋，整好家庭的院。屋里和院内，卫生做干净，工具理整齐。种点花花草草，美化庭院，自己舒服，给左邻右舍也带去美的享受。执委们还要注重培养子女养成保护环境的好习惯，增强下一代保护环境、热爱自然的自觉性。

第二，因地制宜，做环境保护的推动者。农村人居环境主要是治理"八乱"，即治理垃圾乱丢乱扔，治理柴草乱堆乱积，治理车辆和农业机械乱停乱放，治理生活污水乱泼乱倒，治理墙壁乱涂乱画，治理电线网线乱拉乱扯，治理畜禽乱撒乱跑，治理畜禽粪污乱排乱放。具体到某村还要根据村情治理，如污水治理、人畜分开整治、垃圾分类处理等，根据本村特点做好环境治理的统筹和规划。人居环境治理不仅是妇女的事，也是全村的事，妇联可通过微信公众号和微信群等方式宣讲环境保护的重要性。

第三，以评促建，选树环境保护的先进典型。通过选优树典型，促进乡村人居环境治理。如评选"卫生文明户""美丽庭院示范户""绿色环保最美家庭"，为其贴牌上光荣榜。

还可通过召开现场会宣传表彰，增强村民知美、爱美、护美意识，让干净整洁、美化清爽、美丽宜居成为村民追求的新风尚。

第四，鼓励低碳生活，倡导绿色健康的生活方式。衣食住行，树立低碳观念，如低碳着装，积极参与旧衣回收；低碳出行，多乘公共交通工具；低碳育儿，带孩子种树养花，不买过多的玩具；低碳消费，少用或不用一次性用品及污染环境的日用品；低碳处理废旧用品，做好垃圾分类、废物回收工作；低碳用电，随手关灯，选用节能空调、冰箱、节能灯等。

第五，创新思路，破解生态文明建设中的难题。如资金不足的问题，可以通过乡村振兴中大盘子的资金、基金会资金、财政转移支付、以奖代补等形式争取资金支持；对可持续发展的问题，可通过巾帼美积分超市、经常性宣传评比、典型带动等方式保持常态美；对亮点和个性化不足的问题，可以用"生态文明+"的方式拓展，如与庭院经济、文化传承、家风家训、非遗手工、乡村文旅融合，以便更好地促进城乡生态文明建设。

73. 如何配合相关部门处置突发性事件？

基层遇到的突发性事件主要有：重大的公共卫生事件，台风、滑坡、泥石流、地震、洪涝等自然灾害；工厂爆炸、重大交通事故等安全生产事故；家庭暴力、性侵儿童等人为事件等。作为妇联执委，如何配合相关部门处置突发性事件呢？

第一，摸清情况，迅速反应。遭遇自然灾害，要迅速参与自救和他救活动，将生命至上作为第一要务；应对公共卫生事件，要根据相关组织要求，做好宣传和联络，积极配合参与防范；面对家庭暴力等涉及妇女儿童权益受侵的案件，要主动了解情况，先行安抚，稳定情绪，避免给当事人带来再次伤害。核实情况后要马上按程序逐级上报，村（居）妇联上报同级党委、政府和上级妇联，要真实完整告知，不可漏报瞒报、错报迟报等。

第二，听指挥，不添乱。配合组织发动群众力量，协助做好现场应急处置工作，避免事态进一步恶化。做好舆论引导工作，紧密跟进事态发展、统一口径发声，讲清楚事实举措等。引导群众不信谣、不传谣。突发事件发生时，涉及妇女儿童的问题，群众往往找妇联，有时问题得不到及时解决，群众怨气可能会往基层干部身上发，因此处理此类事件，一定要心态平和，稳住情绪，耐心解释，这样才有助于解决问题。

第三，处理得当，有性别敏感。突发事件应对中，妇联执委要有独特的性别视角，关注女性的特殊要求，如孕产妇女、哺乳期妇女及困难妇女群体的特殊需求。突发性事件的性别问题，往往容易被忽视，如灾害性事件发生后的女性生理期需求和婴儿饮食问题，妇女儿童的心理问题等都要特别重视。突发事件应急体系建设、预防和应急处置机制建设要统筹考虑妇女的特殊需求，优先保障女性卫生用品、孕产妇用品和重要医用物资供应。

第四，重在培训和引导。突发性事件发生后，女性所遭受到的困难更大，其中一个重要的原因就是预防应对知识和自救互救技能不足。因此，平日加强妇女应对突发性事件的知识培训，提高妇女防灾减灾意识和自救互救能力，是妇联组织的重要任务。

74. 如何开展妇联信访工作？

妇联信访工作是党和政府信访工作的重要组成部分，是一项长期重要的政治工作和群众工作。如何做好信访工作呢？

第一，用心用情做好接访。妇女群众的信访，看起来是琐碎事，如家庭矛盾、邻里纠纷、出嫁女的权益、家庭暴力、遗产分配等问题，一些问题可能多年得不到解决，使她们成了上访专业户。作为基层妇联执委，要有服务群众的初心，贴心与她们交朋友，耐心做好安抚工作，用心提出解决方案。如一位阿婆因房屋拆迁，家里子女分配不均，引起家庭矛盾，成了钉子户。阿婆多次上访诉说家庭矛盾，就是不同意搬迁。本村一位妇联执委知道后，主动找到阿婆，先是经常到她家嘘寒问暖，帮她解决生活困难，又找到她子女，细致做说服工作，最后她的用心让阿婆和家人都非常感动，亲人们最后抛弃前嫌，达成共识，很快同意了搬迁。所以有真情付出，一定会有回报。

第二，政策指导做好接访。执委接待群众来访时，要有一定的专业知识和政策指导，对符合法律政策规定的合理要求给予支持，及时办理。对不合理或缺乏政策依据或一时解决不了的问题，耐心讲明政策和法律，做好思想疏导工作。对非正常非理性的信访人，进行劝阻批评教育，做到依法依规行事，合法合理处理。

第三，明确职责做好接访。妇联不是权力机构，面对信访群众，一定要明确妇联的沟通、协调、帮助的职责。尤其是对重大、紧急的信访事项，要及时向同级党委政府和上级妇联报告，在职责范围内采取措施，防止不良影响的发生。对容易产生重大舆情的妇女儿童事件，更要谨慎处理。有时妇女儿童权益受侵害的事件得不到及时解决，人们容易把矛头指向妇联，这时更要依法依规，既不推诿责任，也不越权处理。

第四，态度端正做好接访。把来访者当作亲人，热情做好接待工作，让对方冷静下来，感受到亲人式的关怀。倾听是一种美德，耐心听信访者诉说，不要打断，也不要马上评论对错。当信访者宣泄后，情绪稳定了，在政策和能力范围内可解决的，马上解决，解决不了的，做好安抚，不要随意承诺。

第五，科学分类处理得当。对信访内容做分类，一般的家庭问题和妇女儿童权益保障问题，可提供矛盾调解意见；严重侵害妇女儿童权益的，积极协调有关部门调查处理，必要时为信访妇女提供法律援助；对涉及性别歧视或侵害妇女利益的行为核查属实的，协调推动有关部门依法查处。对工作方面的咨询和建议，尽量予以答复。对涉及法律法规、政策以及妇联所做的工作的意见，认真记录和归纳。做好分类处置，才能让妇联的接访更有实效。

75．怎样争取资源做好妇女儿童工作？

为妇女儿童服务的工作，是需要资金和物资的，基层如何争取更多资源呢？

第一，调查需求情况。如今人们生活越来越好，妇女群众需要锦上添花的项目，如广场舞学习提升班、书画学习班、瑜伽学习班等。也有一部分困境妇女或家庭需要雪中送炭的支持，如基本的生活保障、家有病人的困境、失独家庭的照护等。了解不同需求，把关注点更多放在低保、困境人员身上。要特别关心既不符合低保政策又确实有难处的人员，如独居老人、因贫退学儿童、因病返贫的家庭等。汇总整理好情况，统计好数据，以备资源按需求分配更合理到位。

第二，寻找和对接资源。关注项目资助信息，包括政府在社会服务方面投入的购买服务和机构的公益项目。社会组织、企事业单位也开展了为妇女儿童服务的爱心公益活动，可关注相关网站对儿童助学、助困的资源。如：中国儿童少年基金会有春蕾计划、安康计划、儿童快乐家园等项目；各地妇女儿童福利会、基金会、红十字会、女企业家协会也有不少公益资助项目，可以帮助需要的群众及时申请。多联系本村的乡贤和爱心人士，提出对妇女儿童的资助要求。

值得注意的是，在获取资助时，一定要注意甄别，与合法、合规并有公信力的组织对接，不要接受来历不明的资金。

第三，做好资金管理。争取到的资金要合理规划，严格管理，做好使用计划，把雪中送炭放在首位，如关注孤寡老人、单亲困难家庭、事实上无人关照的儿童等。对锦上添花的大众化需求也可适当安排，如广场舞场地建设、儿童暑期夏令营的活动、文化体育专业爱好者的培训等。资金流向进出账目要严格按财务要求办理，公开、公平、透明地使用资金，任何人不能以权谋私。

76. 怎样参与反对家庭暴力的宣传和行动？

联合国将每年11月25日确定为国际消除对妇女暴力日。反对家庭暴力，需要全社会参与，因受到家庭暴力的多为女性，各级妇联要特别注意维护妇女的权益。那么如何从根本上制止家庭暴力呢？

第一，了解家庭暴力的危害。家庭暴力的发生并不是极少数，有可能就发生在你我身边，家庭暴力有哪些危害呢？

一是家庭暴力会严重影响夫妻关系与家庭和谐。平时夫妻有些矛盾争执很正常，如果上升到了家庭暴力，会严重影响夫妻关系。特别是受暴者无法忍受暴力，离婚、离家出走，家庭暴力不仅严重地侵犯了妇女的人身权利，甚至会让受暴者失去生命。另外受暴者因长期难以忍受家庭暴力，对施暴者以暴制暴，施以更严厉的报复，会给整个家庭带来灾难性的伤害。

二是家庭暴力直接影响子女的健康成长。无论是夫妻之间还是对孩子的暴力，都会给孩子身心带来严重影响。孩子受暴时会产生恐惧、焦虑甚至厌世，轻者影响孩子的情绪、学习和生活，重者危及孩子的生命健康，抑或给孩子一生带来不良影响。

三是家庭暴力给社会带来不稳定因素。家庭暴力发生地往往会给本地群众带来心理阴影，严重的家庭暴力会引起当地甚至更广泛的舆情，影响人们对家庭的信任度，导致社会的不安全感。

第二，多渠道宣传反对家庭暴力。《中华人民共和国反家庭暴力法》的实施，让人们对家庭暴力有了进一步认识，家庭暴力已不是家庭的私事，而是国家法律干预的事，妇联要对反家暴做广泛宣传。

一是让群众了解什么是家庭暴力。用《中华人民共和国反家庭暴力法》告知群众家庭暴力的具体内容。用典型案例说明家庭暴力带来的严重危害，以形成对家庭暴力"零容忍"的社会氛围。宣传不仅要深入街道、小区、居民聚集场所，运用案例等宣讲反家暴工作，还要选好宣传对象。现在接受教育的多为女性，她们往往是受暴者，要让更多男性知晓，反家暴宣传除了进社区之外，更应该进机关、进企业、进学校，甚至进幼儿园，让人人皆知家暴危害，人人参与反对家暴，特别倡导男性积极加入反家庭暴力的行列中。

二是积极倡导和宣传性别平等理论。家庭暴力发生的根源是受传统男尊女卑观念影响，认为男性是强势的、主外的、顶天立地的，女性是温柔的、主内的、要听当家人的。今天女性也走上了工作岗位，从事主外工作，有些甚至是家庭经济收入的主要来源，成了顶梁柱。但男性受到男权主义的影响，认为自己不足以"强大"，产生心理不平衡，在家庭矛盾处理不好时，就用"强权暴力"解决问题。因此，倡导男女平等基本原则，有助于从根本上制止家庭暴力的发生。

三是引导受暴者保护自己。在家暴事件中，受害者碍于面子，认为家丑不可外扬，不敢求助，也不知如何求助，导致家暴长期发生。有数据显示，家庭暴力平均被家暴30多次才会揭露出来。因此妇联在干预家庭暴力时，一定要鼓励受暴人对家庭暴力大声说"不！"如一位执委在接访一名咨询离婚事宜的女性时，发现其身上多处淤青，经反复询问，女性才陈述长期遭到严重的家庭暴力，因碍于面子，一直忍气吞声。得知这个情况后，妇联为女方找到暂住所，并鼓励她报警依法处理。在妇联的协助下，施暴方被公安机关处以相应的处罚，女性也顺利离婚。拿到判决书后，她热泪盈眶地来到妇联表达谢意。

第三，建立反家暴响应服务机制。《妇女权益保障法》第六十五条提出："县级以上人民政府有关部门、司法机关、社会团体、企业事业单位、基层群众性自治组织以及其他组织，应当在各自的职责范围内预防和制止家庭暴力，依法为受害妇女提供救助。"妇联接到家暴投诉时，要做好登记，对家暴受害人的信息、家暴的基本过程、受害人的求助意愿、处理的情况等进行详细记录。家庭暴力的证据收集比较困难，要引导受暴人合理合法地保存证据。根据全国妇联权益部的《家庭暴力受害人证据收集指引》，证明发生家庭暴力事实的证据主要有：

一是公安机关方面的出警记录、告诫书、伤情鉴定意见、询问记录、施暴人的讯问笔录、报警回执等。公安机关出具的告诫书，依法作出治安管理处罚决定后给受害人的决定书副本，以及对受害人进行伤情鉴定后出具的报告。

二是村（居）委员会、妇联组织、反家暴社会组织、双方用人单位等机构的记录。受害人如曾经到这些机构投诉，可以申请查阅调取详细记录，也可向法院申请调取投诉记录。

三是医疗机构资料和票据。因家庭暴力就医时，就医的病历资料、诊疗花费票据等。

四是当事人材料。实施家庭暴力过程的录音、录像，受暴者身体伤痕和打砸现场照片、录像。以及受暴者自己叙述遭受家庭暴力的情况等。

五是文字资料和证言。加害人写过的保证书、悔过书。目睹或听到家庭暴力发生的邻居、同事、未成年子女等证人的证言证词等。

第四，分类处理好家庭暴力相关的案件。

一是对初次遭受家庭暴力且情节较轻的，可告知其拨打12338妇女维权公益服务热线、上报当地反家暴防护中心，协助链接法律咨询、心理咨询、婚姻家庭关系指导，以困难帮扶的方式为受害人及其家庭提供帮助。

二是对已经造成人身伤害或具有现实危险，并多次遭受家庭暴力的，要协助受害人依法反映诉求，支持其报警求助，并进行家庭暴力伤情鉴定。

三是对严重的特别是高致命危险的家庭暴力投诉，或者本人及其亲属面临人身安全威胁的，要及时报告当地公安机关和上级有关部门，协助相关部门制定综合性个案维权服务方案，以保障当事人的生命安全。

四是对需要进行人身保护的,引导其到庇护所先行安置,然后协助其向法院申请人身安全保护令。保护令包括禁止对被申请人实施家庭暴力,禁止对被申请人骚扰、跟踪、接触,帮助被申请人迁出住所等措施。

五是对当事人是无民事行为能力人、限制民事行为能力人,或因受到强制、威吓等原因无法亲自申请人身安全保护令的,亲属和相关单位、妇联、学校、幼儿园、医疗机构、居委会、村委会、社会工作服务机构、救助管理机构、福利机构及其工作人员,都有向公安机关报告的责任。

77. 怎样帮扶城市异地务工人员中的困境妇女?

进城市务工的人员,为城市发展做出了很大贡献,他们不应该是被城市遗忘的人,需要得到各种服务。但是他们流动性强,困难群体较多,帮扶难度比较大。特别是涉及妇女儿童的情况更为复杂,作为基层妇联,怎样帮扶她们呢?

第一,摸清情况不歧视。城市异地务工人员居住地多在城乡接合部和出租屋较多的地方。这些地方人口密度大,生活情况复杂,管理有一定难度。妇女们往往随夫居,有了孩子后,又经常在居住地和务工地两头跑。因此,对当地妇联组织来说,要做好服务,首先就要做好人员动态的摸底调查,了解外来人员中妇女的基本情况,对她们集中从事的行业、住房情况、子女上学情况及存在的困难和问题做好记录和台账。

进城务工人员的女性多在服务行业或家政行业工作,文化水平不高，对法律和自我保护的意识尚浅，遇到问题更需要关心和照护，妇联要把这些妇女作为帮扶和关心的重点。

第二，建立联系加强沟通。异地务工妇女来自全国各地，具有一定的地域特征。为了做好沟通，可通过老乡熟人建立地域网络，把她们凝聚起来。老乡"联络人"可找热心、有公益心、有较强能力、有号召力的人员。"联络人"要相对稳定，特别优秀的女性，可吸纳为妇联执委，通过"联络人"建立起异地务工女性的微信群，建立帮扶体系，让她们在城市里有归属感。

第三，精准对接热心服务。服务好异地务工女性，对稳定这支劳动大军有积极作用。要做好政策宣传和咨询服务，如告知本地对外来人口在入学、就业、医疗、住房等方面的优惠政策，积分入户的政策等，使之利用好政策红利。组织异地务工人员的专场服务活动，如政策咨询、入户探访、体育赛事、亲子游园会、相亲会等，通过活动提升凝聚力。引导异地务工女性与当地人搞联谊活动，培养其归属感。邻里互助、共建共享，让她们在新型友好的关系中成就自己，服务城市。

第四，普及法律做好维权。异地务工的妇女，更容易受到就业性别歧视、工资收入不平等待遇、家庭暴力的侵害等，因此需要对她们进行普法宣传教育，让她们了解法律对女性保护的条文，在受到侵害和歧视时，妇联及时在法律援助、安全庇护方面做好服务。

78. 如何帮扶单亲困难家庭？

单亲家庭不仅有单亲母亲，还有单亲父亲，他们都需要得到妇联组织的帮助和关怀。那么怎么帮助单亲困难家庭呢？

第一，了解基本情况。对辖区内单亲家庭的情况，如子女数量、子女学习就业情况、与亲戚来往情况、遇到困难一般找谁帮忙、生计来源、家庭经济状况、家庭成员身体状况等做好调查，并造册登记。

第二，链接好资源。帮助单亲家庭解决关系到生存生计和人身安全的问题。基层妇联资源有限，要做好资源链接。协助单亲家庭申报援助项目，争取资金，快速解决基本生存问题。帮助困难单亲家庭，引导他们从输血到造血，以帮助他们获得稳定持续的收入。挖掘家庭成员的能力与特长，如帮助链接妇女创业小额贴息贷款、推荐参加创业创新培训、对接就业信息等，让单亲家庭自我成长，自我救助。

第三，做好心理疏导。社会对单亲家庭的看法可能会给家庭和孩子带来心理压力，因此要特别关心和引导。

首先，从家长着手，鼓励家长调整心态，积极阳光地面对生活。对于离异家庭，引导父母都要把爱传递给孩子，不要教孩子恨对方，种下爱的种子一定会结出爱的果实。对于丧偶家庭，要鼓励家庭成员发扬自立自强精神，融入社会，振兴家庭。引导单亲父母参与社区活动，增加社会交往，不仅可以改善亲子关系，而且有利于孩子提升融入社会的能力。

其次，要关心孩子，特别是关心孩子的心理健康，单亲家庭孩子容易有自卑感且不自信，如果不及时关注，可能会成为问题儿童。不少未成年人犯罪，就是由于没有及时进行良好的教育。妇联对困难单亲家庭的孩子要给予特别关注，可以组织孩子参与村（居）的活动，帮助他们建立起自信心。

最后，为单亲家庭提供生活、医疗、照护和心理咨询、情感慰藉等服务，鼓励社会力量参与单亲家庭的救助帮扶，通过购买服务或委托服务等形式，为单亲家庭提供个性化、精细化服务。

79. 如何进行家事调解？

清官难断家务事，是因为家庭事务的琐碎纷杂，有性格不合的矛盾、经济纠纷的矛盾、亲戚关系的矛盾、子女教育的矛盾、两代人的矛盾，甚至邻里之间的纠纷等。那么妇联执委如何调解"家长里短"呢？

第一，摸清情况心中有数。作为村（居）妇联执委，对本辖区居民家庭的基本情况要了如指掌，容易出问题的家庭要重点关注，对他们的家庭生活环境、生活状况、与其他家庭成员的关系、孩子情况等信息做到心中有数。如是否存在家庭暴力或虐待等现象、妇女儿童的身心是否遭受伤害、是否有经济困难或无法维持正常生活等，根据具体情况选择帮扶方式。

第二，明确需求评估干预。对家事调解时明确求助者的需求，再来评估是否干预，干预到哪个程度。求助者向妇联投诉是多方面的，有的只是寻求倾诉渠道，这时耐心倾听，让求助者合理宣泄不良情绪；有的是普通的家庭纠纷，不涉及人身安全，可做好安抚；有的涉及法律问题，如赡养纠纷、遗产纠纷、财产纠纷等，可指导或聘请法律专业的人士帮助，如涉及家庭暴力，要借助维权站等机构，提供法律咨询、心理咨询等指导。

第三，促进和解回访跟踪。家庭矛盾调解成功后，双方可达成口头协议或签订《调解协议书》，并及时敦促当事人按协议执行。可定期回访调解协议的执行情况，对影响协议履行的隐患及时发现并妥善解决，如不履行协议，造成新的或更大的矛盾，可告知求助者依法通过仲裁、行政司法途径解决。

第四，寻求帮助协同解决。有问题最好在社区内解决，如无法凭一己之力调解，要及时转介到当地人民调解委员会或联合职能部门，如村（居）、民政、公安、司法等部门，或通过社会力量，如法律机构、驻村律师、家事调解员等发挥合力，共同推动矛盾解决。由于妇联没有执法权，涉及法律案件，特别是有伤情发生时，应立即报告当地公安机关和上级妇联，联合其他职能部门或机构开展合作服务，以免发生恶性事件。

80. 如何利用小额贷款帮助妇女创业就业？

支持农村妇女创业小额担保贷款工作，是妇联的重点工作之一，这项工作对妇女发展特色种植、规模养殖、农副产品加工和社会服务业等起到了重要的推动作用。习近平总书记对这件事情也非常肯定，他说："妇女小额贷款这件事交给妇联后，你们用这个钱'四两拨千斤'，用到了最需要的地方。"①那么如何帮助妇女用好小额贷款项目呢？

第一，做好政策宣传。妇联小额贷款实施多年，取得很大成效。如今政策越来越贴近实际需求，对城乡有创业愿望和创业能力、经营项目符合国家产业政策、具备偿还贷款能力的妇女，在自主创业期间自筹资金不足，都可申请小额担保贷款。把符合妇女创业条件的劳动密集型小企业贷款纳入小额担保贷款体系，优先发放贷款。利用优秀案例做好宣传，让妇女群众真正感受小额贷款的好处。

第二，健全申报机制。首先，确保创业妇女"贷得到"。如依托"农村妇女创业小额担保贷款基金"做担保，协调服务银行，采取"一户一策"给予不同期限、不同额度的信贷资金支持。鼓励村干部、经营大户、致富能手定向帮扶，为农村妇女开辟贷款"绿色通道"，实行集中推荐、集中审核、集中授信"一站式"服务。其次，确保信贷资金"用得实"。通过排查摸底，筛选出信用良好、致富项目明确的妇女优先推荐，使资金使用到位。最后，确保创业贷款"收得回"。做好各项基础数据的汇总和统计报表的上报管理工作，杜绝各种形式的虚报、瞒报、迟报和错报现象。加大诚信宣传，引导妇女珍爱信用记录，提高信用意识，增强诚信还贷的自觉意识。

第三，指引规范申报。对有意愿申报贷款的妇女，做好指

---

① 《习近平关于妇女儿童和妇联工作论述摘编》，中央文献出版社，2023，第51页。

引。各地申报程序可能不完全相同，但大同小异，一般来说，具有本地户籍、年龄在60岁以下、身体健康、诚实守信、具备一定劳动技能和创业能力的妇女都可提出申请。

申报程序包括：个人提出申请—村妇联复选—村委会初审—乡镇妇联、经办银行调查联审—县（市）区妇联审核抽查—人社部担保机构承诺担保—经办银行发放贷款。

第四，创新服务方式。为了更好地服务妇女群众，相关部门也在不断创新服务方式，简化贷款流程，如由线下申请转为线上申请，可通过电话咨询、网上填写电子表格、向银行申报，经银行和担保公司工作人员入户调查合格后，符合条件的妇女再向银行提交纸质版材料办理贷款。免去了多次跑腿、反复打印材料的麻烦，让办理贷款更快更方便。

妇女创业小额贷款只能用于妇女创业的生产经营项目，专款专用，不得用作购置生活用品、治病、子女上学等非生产性项目，也不得转借他人使用。

81. 如何倡导移风易俗办大事？

中国是一个人情社会，亲戚互相走动，礼尚往来，是乡风文明薪火传承的好传统。随着物质生活水平的提高，一些地方炫富攀比之风愈演愈烈。结婚办喜事、孩子过周岁、老人过寿、房屋上梁、乔迁等都要请客办酒席。规模从十几桌到几十桌不等，礼金也越涨越高，盲目攀比不仅加重了村民负担，还造成了农村社会关系功利化和情感关系市场化，给社会带来了不稳定因素。

2022年8月1日，农业农村部会同中央组织部、中央宣传部、中央文明办、中央农村工作领导小组办公室、民政部、全国妇联、国家乡村振兴局等八部门联合印发《开展高价彩礼、大操大办等农村移风易俗重点领域突出问题专项治理工作方案》，提出对高价彩礼、人情攀比、厚葬薄养、铺张浪费等陈规陋习进行治理。2023年中央一号文件特别指出：推动各地因地制宜制定移风易俗规范，强化村规民约约束作用，党员、干部带头示范，扎实开展高价彩礼、大操大办等重点领域突出问题专项治理，推进农村丧葬习俗改革。妇联执委如何做"移风易俗"的带头人和倡导者呢？

第一，加大宣传力度，转变陈旧观念。可通过召开村民大会集中宣讲抵制大操大办的陋习，给家家户户发放抵制高价彩礼的宣传资料，在人流集中的地方张贴宣传海报和倡议书，悬挂横幅和宣传标语，让大家知道国家倡导杜绝铺张浪费的决心和信心。对一些准备操办大事的群众，上门做宣传和解说工作。引导广大青年男女树立正确的婚嫁观，自觉抵制婚姻买卖、高价彩礼等陋俗。宣传孝老敬亲，对老人生前多予以照顾和关心，而不是身后大办丧事张扬面子，推动移风易俗内化于心外化于行。

第二，完善村规民约，成立理事机构。妇联主动在村里倡导并参与修订村规民约，从建章立制入手，把反对高价彩礼、反对大操大办、反对攀比炫富、反对铺张浪费等内容写进村规民约中，用制度抵制铺张浪费的陋习，达到治本的目的。

同时，成立"红白理事会"，成员由德高望重、热心服务、公平公正、崇尚节俭的人士组成。结合村情制定《红白理事会章程》，从根本上改变陋习。

第三，树立标杆典型，做好组织服务。榜样的力量是无穷的，对那些简化流程、减少环节、反对天价彩礼、反对低俗婚闹和随礼攀比的陈规陋习的家庭，给予一定的物质和精神鼓励，向先进看齐，自觉抵制不良之风。

第四，创新工作方法，消除陈规陋习。对"人情大似债""厚养薄葬"等现实要用新思路解决问题。如安徽小岗村妇联积极参与移风易俗的工作，提出在村里设立"美德银行"，通过储蓄村民的美德和良好的行为习惯，用文明积分换取物质奖励激发村民学善向上。村妇联配合村委，制定了《小岗村移风易俗村规民约（试行）》《小岗村美德银行积分方（试行）》《小岗村违反村规民约扣发分红等福利待遇方案（试行）》等规定。在村妇联主导下，成立了"红白理事会"，明确规定移风易俗村民公约的具体内容，如村里办婚事宴席不超过6桌，办丧事宴席不超过10桌。倡导"婚事新办""丧事简办""小事不办"的理念，大大促进了村风民风的彻底改变。

82. 如何做好妇女法治宣传教育工作？

开展妇女法治宣传教育，引导广大妇女群众学法懂法、守法用法，是基层妇联组织履行平安建设的职责。如何做好妇女法治宣传教育工作呢？

第一，举行普法活动。抓住"6·25国际禁毒日""11·25反家暴日""12·4法制宣传日"等节点，在村（居）人员密集的场所，如农贸市场、居民活动广场等地，联合司法部门、驻村律师、巾帼志愿者等举办法律咨询会，发放印制普法宣传资料，发放印有普法内容的小礼品，以扩大法律知识宣传。活动可摆摊设点回答法律问题，也可以组织文艺表演，通过广场舞、快板、小品等有法制内容的节目宣传，在寓教于乐中达到普法目的。

第二，利用宣传栏。依托社区文化长廊和宣传墙，将普法内容按主题制成宣传展板，如婚姻家庭、妇女维权、反对家暴、防拐卖、防诈骗、防邪教、防艾滋、禁毒等板块。相关图片和文字资料可到相应的官网下载，如全国妇联权益部主办的"妇女维权宣传电子资源库"有大量与妇女维权以及防艾、禁毒、普法相关的宣传图文资料可供下载，也可将平时拍摄的普法图片制成宣传品，反映身边事，更接地气。

第三，举办普法讲座。定期在村里组织普法知识讲座，邀请司法人员、驻村律师、法律教师讲课，培训对象可以是妇联执委、巾帼志愿服务队，也可以是广大妇女群众。内容可选择与妇女相关的法律知识，如反对家庭暴力、婚姻家庭、遗产分配等相关内容。

第四，利用网络宣传。基层妇联组织可以利用新媒体普及法律知识，如通过妇联线上官网或微信公众号转载最新的法律修订、普法用法案例，提醒妇女群众关注与自身利益关切的法律条例。在微信群、QQ群中分享妇联普法知识。有条件的基层妇联还可制作普法宣传短片或微视频进行播放，让更多妇女学法知法、懂法用法。

83．如何配合相关部门做好"两癌"筛查工作？

宫颈癌、乳腺癌是影响我国妇女健康的重大疾病，开展筛查是促进"两癌"早诊早治的有效措施。自2009年起，国家就把农村妇女"两癌"免费检查项目纳入国家重大公共卫生服务项目。基层妇联如何配合"两癌"筛查工作呢？

第一，明政策，做宣传。2021年12月，国家卫生健康委办公厅组织制定了新一轮《宫颈癌筛查工作方案》和《乳腺癌筛查工作方案》，指导地方加强"两癌"筛查的组织管理，完善筛查流程，提高筛查质量和效率。新方案扩大了筛查的服务对象，由农村适龄妇女扩大为城乡适龄妇女，并优先保障农村妇女、城镇低保妇女的健康。《中国妇女发展纲要（2021—2030）》和各地妇女发展规划，都在"妇女与健康"章节对"两癌"筛查做了细致的量化要求。如国家纲要提出：提高妇女的宫颈癌和乳腺癌防治意识和能力，防治知识知晓率达到90%以上。促进70%的妇女在35～45岁接受高效宫颈癌筛查，督促用人单位落实女职工保健工作规定，定期进行女职工宫颈癌和乳腺癌筛查，提高人群筛查率。要完成这些量化指标，需要基层妇联花大气力宣传和倡导。一些地区妇联实行了妇女病保险制度，执委要动员群众积极参与投保，并向群众讲解"两癌"救助的申报条件、救助方法、心理援助等内容，帮助需要救助的妇女建档立卡。

宣传方式可通过印制妇女健康知识手册、"两癌"知识问答、"两癌"政策的内容指南，发放到妇女群众中。可在村（居）宣传栏中开辟妇女"两癌"检查流程和相关政策，也可在微信公众号、妇联网站、微信群中转载全国妇联"两癌"科普视频宣传片。有条件的可线上线下共同举办妇女"两癌"防治健康知识问答竞赛，扩大知晓率和参与率，让这项惠民利民政策落到实处。

第二，广摸底，多动员。通过发放调查问卷，了解所在村（居）妇女健康情况。也可以组织巾帼志愿者入户走访，做好"两癌"摸底工作，了解适龄妇女的基本情况，做到底数清、情况明。在对妇女宣传的同时，不要忽视对丈夫的宣传，一是让丈夫了解此病的特点，二是让丈夫在夫妻生活时注意卫生防护，夫妻双方共同参与"两癌"预防，效果更好。

第三，勤跟踪，重回访。《中国妇女发展纲要（2021—2023）》指出，要强化筛查与后续诊治服务的衔接，促进早诊早治，宫颈癌患者治疗率可达到90%以上。对确诊为"两癌"的妇女，妇联要及时登记、统计患者情况，特别是对发现病情的妇女，要定期跟踪回访，做好后续的安抚工作以及争取更多资源救助患病妇女。

84. 如何关爱农村留守儿童？

中国特殊的城乡二元结构，造就了一批农村留守儿童。据2022年中国留守儿童数据统计，我国不满16周岁的留守儿童数量为902万人。留守儿童往往因父母双方外出务工或一方外出务工另一方无监护能力，造成未成年人教育缺失，突出表现在家庭缺乏监督指导、关爱服务体系不完善、救助保护机制不健全等方面。妇联执委关爱留守妇女儿童有天然的优势，因为她们就在留守儿童身边，最了解情况，能更快更精准地提供关爱服务。那么怎么做好服务呢？

第一，摸清情况门儿清。对留守儿童的生活情况、学习情况、监护人的情况造册登记。特别关注事实上无人抚养儿童的基本情况。为了让留守儿童有去处，可利用"妇女之家"和"儿童之家"设置活动场所或图书阅览室，让更多留守儿童在"家"里有人关怀有人爱。

第二，用好政策做服务。2016年国务院发布了《关于加强农村留守儿童关爱保护工作的意见》，对留守儿童关爱的原则是"坚持家庭尽责、政府主导、全民关爱、标本兼治"。既立足当前，完善政策措施，健全工作机制，着力解决监护缺失的问题，又着眼长远，统筹城乡发展，从根本上解决儿童留守问题。妇联对留守儿童要开展针对性的帮扶，对符合政策的家庭协助办理低保、残疾证评定、申请大病救助、链接助学资源、参加创业就业培训等，把好的政策、优惠的福利送到留守儿童家中。

为留守儿童服务要多想办法，可提供假期日间照料、课后辅导、心理疏导等关爱服务；或组织活动，如手工劳动、体育比赛等。这些活动门槛低、难度小、预算少又喜闻乐见，容易推广。还可联系大学生和返乡青年与留守儿童联谊，面对面服务，让留守儿童有亲情和家的感觉。

第三，加强联络建队伍。发动热心、有爱心和余力的妇女共同关爱留守儿童。可建立公益小组、巾帼志愿者队伍，也可让留守儿童互相服务，甚至帮助困境老人等更弱势的群体，从被服务转变为互相帮助、服务他人，才有可持续发展。

留守儿童特别需要父母的关爱，家长们即使在地理位置上离开了孩子，但心里牵挂还是要有的。执委可建立留守儿童与在外打工父母的联系渠道，如某村妇联组织留守儿童给在外打工的父母寄一封信的活动，让孩子写出心愿，表达对父母的思念之情，同时，引导在外打工的父母给孩子回信。通过书信、线上联系等多渠道进行亲子沟通，让留守儿童在父母和社区的共同关爱下健康成长。

85. 如何开展儿童友好社区的建设？

儿童友好社区与儿童友好城市的建设是相呼应的，从儿童角度做社区项目，不仅能解决儿童问题，同时撬动家庭参与，促进社区和谐。那么如何开展儿童友好社区的建设？

第一，坚持儿童利益最大化原则。本着维护儿童权利主体地位、尊重儿童愿望、关注儿童环境、有利于儿童福祉的原则,让每位儿童在社区平等享受儿童权利和儿童福利。基层妇联可配合儿童友好城市建设要求,从社会政策、公共服务、权利保障、成长空间、发展环境等方面落实儿童友好社区建设。

如在健身器材方面,配备安全的儿童娱乐器材。了解不同年龄阶段的儿童需求,特别关注0至3岁低龄儿童,如小推车的路面是否有无障碍通道、有没有过尖的栏杆、喷水池的护栏和深度是不是安全、小区绿化带有没有影响儿童活动的不安全因素等,从细节上考虑,才能万无一失。

第二,从儿童视角组织丰富的活动。组织儿童参与社区活动,可激发儿童对社区的认同感。如组织儿童读书活动,形成良好的社区学习氛围。儿童节和寒暑假期间组织儿童假日游、亲子游等活动,可增强家庭和睦的气氛。有些村(居)利用政府购买的项目运作,举办儿童书法班、儿童球类班等活动,解决了资金问题。还可组织社区志愿者如教师、医生、公安、消防、律师等专业人员,开展安全教育、应急救护知识、心理疏导等公益服务,提高青少年公共意识和自我保护能力。

第三,赋予儿童参与权利。让儿童有权选择自己的喜好,在家庭和社区建设中发表看法和意见,并被采纳,这是对儿童的尊重。可组织儿童议事小课堂、儿童广播站、儿童社团等特色活动,提升儿童的语言表达能力、人际交往能力、团队协作能力。也可以吸引儿童参加社区治理,如垃圾分类,儿童往往是宣传主力军。社区开展文艺活动、节日文艺演出等,有儿童参与气氛更活跃,也能激发儿童主人翁意识。儿童是祖国的未来,也是社区建设的希望,要重视这支力量的培养。

86. 如何助力妇女实现增收致富?

实现妇女的创业创新,是实现增收致富的重要途径,是乡村振兴中产业振兴的重要内容。妇联执委应把这项任务完成好。那么如何助力妇女实现增收致富?

第一,用好政策导向。为帮助基层妇女创新创业,各级政府及妇联设置了金融优惠政策,执委可主动联系有创业意向的妇女,协助支持并指导用好政策。如妇女小额贴息贷款政策、巾帼信用贷等,帮助妇女解决"燃眉之急"。如浙江宁波胜山镇妇联主动作为,与银行合作申请专项政策,开办了农村妇女创业贷款优惠业务,优化了贷款审查审批流程,申请通过后,可得到30万元的创业贷款,其中10万元利率还下浮10%,用政策帮助了有创业意愿的妇女。

第二,提供专业培训。有创业意愿的妇女学习积极性是很高的。妇联可以根据妇女的创业意愿、培训需求举办培训班。目前很多村有下派第一书记和驻村干部,基层妇联多与这些干部联系,反馈妇女的培训需求,使下派干部关注妇女发展,如引进培训种养殖技术、直播带货技巧、电商创业技巧,帮助农村妇女提高增收致富的本领。

第三,用好平台资源。各地妇联经常会为女性创业提供平台,基层妇联要主动对接,用好用活平台资源。如广东省举办女性创客大赛、农村巧手大赛、手工创业创新大赛等,获奖选手除了获得大赛组委会颁发的奖杯、证书及奖金外，大赛金奖选手还有机会被推荐参加三八红旗手的评选。获得铜奖及以上奖项的选手，可获"网演中国"名家数字馆两年免费使用权限。大赛邀请了女性创新创业导师，为有需要的参赛选手提供创业培训、创业指导、项目孵化等方面的咨询和服务。基层妇联关注这些平台的搭建，向有意愿的妇女群众做好宣传，鼓励她们积极参与，对妇女创业发展是一个很好的途径。

87. 如何维护农村外嫁女的合法权益？

习近平总书记一直以来对弱势群体都特别关心，尤其是对弱势妇女。他说："随着人民生活水平不断提高，我国妇女生存发展环境越来越好，同时由于长期历史文化的影响……妇女在发展和权益保障方面仍面临许多困难和问题。……农村妇女土地权益问题，留守流动妇女权益问题，贫困妇女、单亲母亲、老龄妇女问题，婚姻家庭中的妇女权益保护问题，等等。……对这些问题，要重点关注、重点解决，妇联组织要深入研究，拿出切实可行的方案来。"[1]《妇女权益保障法》也规定："妇女在农村集体经济组织成员身份确认、土地承包经营、集体经济组织收益分配、土地征收补偿安置或者征用补偿以及宅基地使用等方面，享有与男子平等的权利。"但由于随夫居的传统文化影响，农村妇女特别是出嫁女的合法权益时有

---

[1] 《习近平关于妇女儿童和妇联工作论述摘编》，中央文献出版社，2023，第51—52页。

受到侵害，解决起来是个难点，应该引起基层妇联的关注和帮助。

农村外嫁女是指户籍关系在村里，是农村集体经济组织成员的妇女，因为结婚，包括初婚和再婚、婚姻状况改变等情况，自己或子女的土地承包经营权和股份权益被部分或完全剥夺了。其被侵害的权益主要有以下四种：

第一，土地承包经营权。我国《中华人民共和国农村土地承包法》规定男女享有平等的土地权利，确立了土地所有权、承包权和经营权的"三权分置"。外嫁女虽已出嫁，但如果户籍还在本村，并尽了村里的义务，缴纳了相关税费，实际上仍属村集体成员，应享有与其他村集体成员一样的平等权利。但部分地区在村规民约中有歧视外嫁女的条例，甚至剥夺了其相关的权益。

第二，宅基地使用权。我国农村对于宅基地的分配方式和登记模式为"一户一宅""地随房走"，这是导致外嫁女宅基地使用权难以得到保障的主要原因。从理论上来看，外嫁女若户口没有迁出，其应分得属于外嫁女户的宅基地，但大多数村集体不予分配，导致一些妇女应得的利益受到侵害。

第三，基于土地权利产生的财产性收益权。按照男女平等的原则，在农村征收补偿中，男女享有平等的权利。但在征收补偿时，出嫁女的村集体成员的补偿，包括土地补偿款、安置补偿款、青苗及附着物补偿款等合法权益往往被剥夺。

第四，集体收益分配权。在我国部分地区，农村土地不再是单一的农业生产用地，而是呈现出多元化特征，如村集体将本村荒地承包给他人，由此获得的出租性收益会分给本村集体成员，外嫁女理应享有的分配权也往往被剥夺。

作为基层妇联，如何维护这些外嫁女的合法权益呢？

第一，详细了解权利受到侵害妇女的基本信息。如户籍所在地、经常居住地、婚姻状况、失去土地或相关经济权益的时间及原因、是否尽了村民义务、目前生活主要来源和现状、对土地等权益的具体诉求、子女利益是否有保障等基本信息，情况明了是解决问题的前提。

第二，维护外嫁女、离婚女和丧偶妇女的合法权益。对符合农村集体经济组织成员资格条件的，应帮助其协调处理，支持其向基层政府和农业部门反映，争取权益。对于村集体通过制定违反男女平等原则的村规民约、村委会决议或村民代表大会决议，侵害妇女土地权益的问题，妇联要积极向政府反映，报告上级妇联，并积极和村委联系，说明其侵权行为是不合法的，应本着男女平等的原则处理好外嫁女的权益问题。必要时，可以鼓励权益受侵害者通过法院起诉解决问题。根据《妇女权益保障法》"丧偶儿媳对公婆尽了主要赡养义务的，作为第一顺序继承人，其继承权不受子女代位继承的影响"的规定，特别依法办事。

第三，不能以投票决定出嫁女权益。民主一定是和法制相关联的，社会主义民主是社会主义法制的基础，社会主义法制是社会主义民主的保障。《中华人民共和国宪法》确认了男女平等原则，但在一些地方，用靠简单举手决定某个人的命运，这并不是真正的民主。村规民约和村级组织一定要在"男女平等"宪法原则指导下发扬民主，才能真正保证每个人平等的权利。

如某村有位出嫁女因股权问题得不到解决经常上访，大家认为她无理取闹，于是全村用投票方式决定她是否可以分得股权，这种做法看起来很民主，但结果是这位女性仍一直上访。后来经上级妇联指导，村妇联提出了不同的思路，民主原则首先是公平公正，如违背这个核心就谈不上民主了。用投票方式决定人的命运极为不妥，特别是在违背宪法"男女平等"的原则下投票，更不能视为民主协商。妇联执委向村民阐述了这个道理，大家听后觉得很在理，按照平等的原则，较好地解决了这位出嫁女的土地权益问题。

88. 如何开展儿童性健康教育工作？

儿童性健康教育越来越受到家长关注，特别是时有儿童受到性侵的报道，更引起人们的强烈关注。无论城市还是农村，妇联都参与了儿童性健康教育的宣传，如妇联组织的"关爱女童·护苗行动""童心同行·护苗成长""护蕾花开·乐享童年"等儿童性健康教育品牌行动。那么基层妇联如何开展这项工作呢？

第一，充分认识儿童性健康教育的丰富内涵。目前人们把儿童性健康教育窄化为儿童防性侵教育，这是有失偏颇的。防性侵当然重要，但儿童性健康教育远不止这一点，而是包含着更丰富的内容。

2018年联合国发布的《国际性教育技术指导纲要（修订版）》指出全面性教育中的"性"，包括人对身体的理解和人与身体的关系、情感依恋和爱情、生理性别、社会性别、社会性别认同、性倾向、性亲密、性愉悦和生殖等多方面。如对自己性别的认同和悦纳自己性别的教育；对异性了解和尊重的教育；科学回答"我是从哪里来的"的教育；与同龄的同性与异性怎样交往的教育；认识自己身体各个部分及其简单功能，包括性器官的教育等，都是性健康教育。在这个过程中，防止儿童受到性侵害是非常重要的教育，因为儿童一旦受到性侵，对孩子和家庭的影响都非常大，孩子可能会长期生活在恐惧、焦虑、抑郁中，甚至伤及生命，家庭也会因此受到心理创伤，因此要给予特别的重视。

第二，寻找科学的性健康教育读本。性知识储备是父母实施家庭性教育的基础，但家长的教育方法还是比较匮乏的。那么基层妇联怎么做呢？

一是寻找相关的书籍推荐给家长。如国务院妇女儿童工作委员会编写的《我的身体我做主》《身体告诉我的那些事儿》《认识身体保护身体：我是男孩　我是女孩》。中国儿童少年基金会编写的《春蕾计划·护蕾行动儿童手册》《春蕾计划·护蕾行动家长手册》是家长和孩子共读的，值得推荐。把这些书目介绍给家长，帮助家长科学地了解孩子的生理特征和社会性别特征，做好科学的性健康教育。有些家长对性教育难于启齿，怕说不对，没关系，买本书，教育效果是一样的。

二是在网络上找一些科学的性健康教育课程。如《一分钟性教育》的视频非常火爆,这个短视频通过孩子喜欢的加菲猫、葫芦娃、蜡笔小新等可爱的动画人物,形象地讲述了性健康和性安全的事情。《明明白白我的性》《丁丁豆豆成长故事》《父与子的性教尬聊》《人体奥秘》等短视频、纪录片都可以对孩子进行性健康教育。笔者在"家慧库"平台上开设的线上课"性别平等与家庭责任"课一共十讲,也有相关内容,可以在网上选听。

第三,组织家长培训。家长是对子女进行性教育的责任主体,但家长在性教育方面往往存在"不好意思开口""不知道怎么说""不说也会无师自通"等想法,这些是影响父母对孩子进行性教育的最大障碍。有专家研究,父母越早与孩子谈性教育的话题,越容易与孩子建立真诚的亲子关系。由妇联组织的儿童性健康教育讲座特别是针对低龄儿童家长的培训很受欢迎。在性教育培训中,可以请中小学的生理老师,课程内容包括性与生殖健康,如青春期性发育、月经与遗精、避孕怀孕与分娩,甚至包括预防艾滋病的传播、如何与异性沟通等,都是很需要的性教育主题。

当然,帮助儿童防性侵是重要的内容,性侵儿童的往往是熟人,如亲人、邻居、老师、父母的朋友等,孩子对这些人没有防范意识,因此加强性教育特别重要。有一个重要告知,受性侵的不只是女童,包括男童也会受性侵,因此,男孩和女孩都要学会保护自己。有个故事片《如果早知道男生也会被性侵》讲的就是男学生"阿玮"被性侵后,遇到淑惠阿姨,引导他报警、验伤、通报学校,让全案进入司法程序并进行后续心理辅导的故事，值得父母和老师关注。

全面性教育还包括健康与相互尊重的家庭关系，家庭中的性别平等理念、基于性和性别的暴力、性别歧视等社会文化内容。不仅家长要学习，妇联执委甚至授课教师都要对性教育的知识点进行学习和思考。

第四，与相关部门协同处理儿童性侵案件。儿童防性侵是个综合治理的问题，需要家庭、学校、社区、司法等部门共同关注。特别是当本辖区有类似案件发生后，一定要以最快的速度协助受害人向公安派出所报案，由相应的服务机构和学校对受害人及其家庭进行心理辅导和保护，以免受到二次伤害。同时要落实针对儿童性犯罪的强制报告制度，2013年10月24日最高人民法院、最高人民检察院、公安部、司法部印发的《关于依法惩治性侵害未成年人犯罪的意见》，提出了性侵儿童案件强制报告制度的规定，要求对儿童负有教育责任和监护责任的人，发现儿童有遭受性侵的迹象，必须依法履行报告责任，对于知情不报者，要严肃追究其法律责任。基层妇联更有责任落实强制报告制度，儿童受到性侵时，家长第一时间往往找当地妇联，妇联虽不是权力机构，但接到此类报案，有责任立即协助受害人到公安机关报案并做好家庭安抚工作。

89. 如何利用家庭力量做好社区治理？

习近平总书记提出"三个注重"，强调了家庭建设的重要性。他还特别要求妇联在推动家庭建设中发挥作用。他说：

"以小家庭的和谐共建大社会的和谐，形成家家幸福安康的生动局面，是党中央交给妇联组织的重要任务，也是妇联组织服务大局、服务妇女的重要着力点。"①，因此利用家庭力量做好社区治理，是值得妇联组织研究和实践的。那么如何利用家庭力量做好社区治理？

第一，重视家庭互助的稳定作用。中国是以家族为核心的文化，家庭成员之间互助非常有利于社会稳定。如祖辈帮助带孩子，让年轻人更好地投入工作中，不仅让家庭有了稳定收入、家庭成员之间多了关爱，也为社区和谐贡献了力量。在这种互助的家庭模式中，孩子由老人负责照料，特别是奶奶和外婆带孩子的更多，妇联要特别关心这批老年女性的生活和精神需求，为她们提供活动场地或组织老人们互相帮助，让长辈们除了照料孩子外，还有自己的生活。寻找最美家庭时，对家庭照料给予认同和表彰，让长辈有成就感和获得感，对促进家庭和谐大有好处。

第二，注重家庭在村（居）治理中的凝聚力。在农村，家族影响非常大。民主参与、经济发展、文化建设和社会治理以及生态文明，无不与家庭家族息息相关。家庭凝聚力发挥得好，能把村级治理纳入正常轨道。拉帮结派，运用宗族势力搞个人利己主义，势必影响社区稳定。民主选举中，既要发挥家庭传递正能量的作用，又要摒弃以家族裙带关系推荐候选人的做法，把本村政治素质高、服务意识强、有公德心有奉献精神

---

① 《习近平关于妇女儿童和妇联工作论述摘编》，中央文献出版社，2023，第45页。

的能人选出来任村干部，让德才兼备的人治理村庄。

第三，利用家庭力量提升社会治理效能。家庭关系包括夫妻关系、与子女的关系、与长辈的关系、与亲戚的关系等。家庭最看重的是孩子的成长，从家庭对孩子的关心入手，做好社区治理，是一种不错的方法。如某小区的家长经常聚在一起探讨孩子教育，有一次谈到了社区管理的问题，越谈越投机，一位妇联执委把家长们联合起来，通过组织审批，成立了小区物业管理委员会，家庭的力量发展成为社区的管理力量，社区的凝聚力越来越强，社区管理也更规范化了。

某村小学接送孩子成为家长的难题，为解决这个问题，村里买了校车接送孩子，但是后续资金怎么解决却成了难题。于是妇联把家庭动员起来，一是让家庭捐助一部分款项，二是让家长成为志愿者随车陪护孩子，通过家庭参与既解决了孩子上学的事情，还培育了一批志愿者积极参与村级治理。

农村吸毒现象以往难以治理，过去是干部一个个上门劝解，效果不明显，某村妇联成立了巾帼禁毒小队，对吸毒人员做好登记，小队成员经常集体上门帮助他们解决一些问题，如子女上学、老人安抚等。为了让吸毒人员戒毒后得到社会接纳，妇联又组织他们到老人院做公益服务，吸毒人员被感化，重拾自信，再也不吸毒了。

城市停车难、电梯安装遇阻、广场舞扰民等问题，也是难题，如果仅劝说当事人，可能会进入死胡同，妇联进入"家人"层面，找到当事人的家人、亲戚，让家人做家人的工作，会有亲情效应，非常有利于问题的解决，能有效地促进社区和谐。

90. 怎样增强基层群众的文化自信？

习近平总书记多次强调："文化自信，是更基础、更广泛、更深厚的自信，是更基本、更深沉、更持久的力量。"① 那么如何增强基层群众的文化自信呢？

第一，挖掘文化资源。文化是一个地方延绵不断的资源。让人们看得见山，望得见水，记得住乡愁，要将文化与自然结合得更巧妙。文化资源主要有：

一是自然资源，绿水青山就是金山银山，自然资源是很好的文化基础。在农村，执委可组织村里的留守妇女开办农家乐，做农家菜，开发旅游资源，让好山好水发挥其生态优势，不仅给城里人带去了舒适愉悦，也给村民们带来了经济收入，还保护了自然环境。

二是人文资源，包括传统文化和红色文化、物质文化遗产和非物质文化遗产。考古发现是物质文化遗产，揭示了一个地区的历史延续。手工业传承，特别是妇女的手工艺术活，如剪纸、刺绣、编织等被列入非物质文化遗产后，是非常好的文化资源。红色文化是一个地区宝贵的精神财富，发掘革命旧址、名人故居、革命烈士、重大历史事件发生地，特别关注当地女性人物在历史中的作用，能更好地传承红色基因。

第二，宣传文化资源。利用新媒体的平台，发布和传播传统文化和红色文化相关的视频，如电子海报、动画故事等。让

---

① 《习近平关于社会主义文化建设论述摘编》，中央文献出版社2017年版，第16页。

传统文化和红色文化在传播时既能保持文化的厚重感又能增添趣味性。可依靠社区巾帼志愿服务队，培育一批优秀文化宣讲员传播本地文化。

第三，运用文化资源。文化资源是最好的历史和现实依托。有人说我们村是个穷村，一无资源，二无文化，怎么发展？其实只要是有心人，一样可以发掘出优秀文化。河北省张家口市张北县玉狗梁村是个贫困村，常住人口平均年龄近70岁。村里一无资源二无资金，这样高度老龄化的村庄，很难找到致富之路。派驻的第一书记卢文震履职时和村民聊天，发现老人们长时间盘腿坐着，于是他想能不能动员大家做瑜伽呢，他找到村妇联主席谈这个想法，一拍即合。在村妇联主席的带动下，大爷大妈们开始练习瑜伽并风靡全村。2017年，国家体育总局授予玉狗梁村"中国瑜伽第一村"的称号，老人们还上了中央电视台。村里通过瑜伽这个文化名片吸引产业进驻，种上藜麦，销往全国。文化资源的活化，让村民极大增强了文化自信，打响了名气，有了增收，实现了脱贫路上的"三级跳"，可见文化力量一旦动员起来，其作用不可估量。

91. 怎样组织婚恋交友活动？

以往农村找对象都是媒人介绍，现今可通过多种途径相亲，但婚恋交友活动还是受欢迎的，特别是妇联组织的婚恋活动因其有公信力而受到青睐。那么如何组织这项活动呢？

第一，搭建平台。基层妇联要运用妇联的公信力、号召力及组织能力，搭建婚恋交友平台，当好"红娘"。可以是线下活动，也可以是网上交友。无论线上或线下，都要认真审核参与成员的资格，经当事人同意，建立适龄男女资料库，提供精准有效的恋爱交友服务。

第二，做好活动。可与相关部门沟通，共同举办丰富的婚恋联谊活动，为男女青年们提供交流互动的机会。活动形式可以多样化，如互动游戏、户外徒步、交谊舞会等。主题可以多样性，如中老年人婚恋专场、异地务工人员专场、再婚男女专场等，专场匹配度高，成功率也更高。

活动环节一般为：热身游戏，让大家熟悉放松；分组轮流谈话，增加互动了解；适当收一些餐费，共进午餐；填写有意向的嘉宾，留下联系方式等。活动内容可根据专场特点调整，对中老年男女，活动可以更稳重些，用交谈换位的形式互相沟通，有条件的可设置小空间提供单独谈话的场所；对年轻男女，活动可活泼生动些，如组织交谊舞和游戏加强互动。

第三，适当引导。平时做一些婚恋观的培训，特别是在组织相亲活动前后安排相关的专题课程，开展恋爱、婚姻家庭观念教育，宣传男女平等观念，倡导夫妻平等参与家庭事务决策，反对一切形式的家庭暴力，帮助大家树立正确的婚姻观、家庭观，倡导和睦、文明的婚姻家庭关系。

92．怎样组织基层读书活动？

利用妇女儿童之家等阵地开展阅读活动，是构建文明社区的题中应有之义。那么怎样组织读书活动呢？

第一，建立平台丰富藏书。在妇女儿童之家建立阅览室或图书馆，使社区居民读书有去处并有书读。图书馆书籍来源可以广泛些，村（居）委可购置一部分，动员热心人士捐赠一部分，家庭图书漂流一部分。也可与当地图书馆建立借还书联络网，统一办理借书证，让更多图书进社区。边远地区在与对口帮扶单位对接时，可提出建立图书馆和捐书的相关要求。

第二，组建亲子阅读小组。通过建立亲子阅读小组等形式，激发家长和孩子的阅读兴趣，形成榜样示范带动力量。在社区招募志愿者，吸纳感兴趣的家长加入读书小组，让积极主动、有一定阅读基础且愿意做志愿者的家庭组成若干个亲子阅读小组。小组可开展线上线下活动，内容可以是书目内容分享、手工制作绘本、亲子角色扮演等活动，也可以进行绘本创作，以和谐家庭为主题，在家庭内建立起良好的阅读习惯。

第三，开展家庭阅读主题活动。执委可在社区开展各类主题活动，如红色经典诵读、亲子阅读分享会、绘本剧表演、原创绘本展示、图书漂流等。可关注上级妇联组织的主题活动，如2022年全国妇联组织家庭亲子阅读活动，提出"阅读百部书籍、依托百个基地、联运千个机构、举办万场活动"的口号，在"世界读书日"期间，举办"少年儿童心向党——亲子共沐书香　强国复兴有我"主题读书活动，各地妇联围绕这一主题举办了丰富多彩的读书活动，基层妇联可借此东风，在每年4月23日世界读书日时，做好阅读普及活动，使更多家庭养成阅读习惯。

第四，创立读书品牌。社区阅读活动要有创新思维，打造自己的读书品牌，使阅读成为群众的习惯。如广州市海珠区妇联的"红茶书屋"品牌，"红"——以传播社会主义核心价值观的红色文化为导向；"茶"——以弘扬深厚的中国传统文化为基础；"书"——以推动阅读成为一种生活方式为途径；"屋"——以培养爱家爱国的良好家风为目标。目前"红茶书屋"已经成为推动全民阅读和家庭文明建设的品牌项目。为了深化品牌效益，海珠区妇联发动企业建立了阅读联盟，组织了近千人的阅读宣讲队伍，通过"有声友爱""有书友爱""有课友爱"等捐书活动，传承红色经典书目，在妇联组织下，全民阅读活动在海珠区蔚然成风。

93．如何鼓励夫妻共同依法带娃？

2022年1月1日正式实施的《中华人民共和国家庭教育促进法》开启了我国依法带娃的新时代。这部法强调家庭教育"共同参与，发挥父母双方的作用""相互促进，父母与子女共同成长"的理念，父母都是依法带娃的主体，在全社会营造夫妻共同育儿的氛围，能为促进人口长期均衡发展提供有力支撑。那么妇联如何倡导父母共同依法带娃呢？

第一，培育父母的责任意识。家庭教育的责任主体是父母双方，但长期以来受男主外、女主内观念的影响，很多家庭把主内责任推给了妈妈，不仅管孩子生活起居，还要督促孩子学习，给孩子开家长会也成了妈妈的专属，"丧偶式育儿""缺失的父亲""潜网的父亲"成为网络热词。在生活中,每个人都要承担国家责任、社会责任、工作责任、家庭责任和个人责任,而"责任"二字是没有性别之分的,只要组成家庭,就要承担家庭责任。基层妇联在普及《中华人民共和国家庭教育促进法》和落实《中国妇女发展纲要(2021—2030)》时,要鼓励夫妻共同承担未成年子女的抚养、教育、保护责任,尤其要对父亲进行家庭责任的教育。随着社会进步,男性参与家务劳动和陪伴孩子的时间在增加,但总体上还是妈妈更多。因此鼓励父亲亲身养育、亲身陪伴,是依法带娃的行为实践。

第二,消除性别刻板印象。有人认为,男性具有天生的坚强和坚毅,父亲回家带孩子,能把这种性格传递给孩子,尤其是男孩,更应该由父亲陪伴。其实我们会发现,很多母亲也具有坚强坚毅的性格特征,不少父亲也有温柔体贴的一面。父母亲共同参与家庭教育,是家长应尽的责任,而不是性别优势。父亲或母亲都可以把坚强阳刚和温柔细腻传递给孩子,因为这些都是人类的优秀品质。

第三,鼓励父亲更多参与家庭活动。通过网络、媒体、活动等各种形式,在村(居)倡导男女平等理念,倡导夫妻共同承担陪伴子女、照料老人、料理家务等家庭责任,缩小两性家务劳动的时间差距。鼓励爸爸从"零"岁开始参与孩子的养育,如给孩子换尿布、穿衣服、洗澡、抱娃哄睡等,让爸爸顺利进入父亲角色和亲子活动中,这也是爸爸享有养育权利的表现。

村(居)妇联可以搞一些父亲参与的家庭活动,如"爸爸做饭大比拼""家庭成员共阅读""父母牵手快步走"等活动，让男性有机会参与家庭活动，建立父母共同育儿的模式。

94．如何做好低幼儿童的家庭教育？

0至3岁幼儿家长的教育在社区最应该受到关注，因为3岁儿童上幼儿园以后，家长可接受幼儿园比较系统的家长培训。那么基层妇联如何做好低幼儿童的教育工作呢？

第一，了解儿童身心发展的规律。0至3岁儿童的身心发展是人生成长非常重要的黄金时期，妇联执委要掌握这个阶段儿童发展的特点。此时儿童身高和体重迅速增长，神经系统结构发展迅速。感知觉飞速发展，由头至脚、由大动作至小动作的发展很快。语言能力迅速发展，从开始学说话到很顺利地讲出完整句子的时间很短。儿童有交往倾向，特别乐于探索周围世界，对家长有强烈依赖感。

妇联要引导这个年龄段儿童的父母，共同学习儿童日常养育和照料的科学知识与方法，根据儿童感知经验和语言发展特别快的特点，多和孩子沟通说话，加强父母共同的亲子陪伴。注意儿童的安全，如用电安全、用火安全，登高安全等，预防伤及儿童生命的事件发生。

第二，搭建家庭教育指导平台。依托城乡社区公共服务设施、妇女之家、儿童之家等设立家庭教育指导服务站点，建设家庭教育信息化共享平台。有条件的村（居），还可以开设网上家长学校和家庭教育指导课程，让新手父母们合作抱团、互帮互助、分享育儿经验。线下可与专业科学育儿平台合作,为年轻父母提供科学养育知识与定期咨询问答。在微信群或社区平台上,转发官方网站或权威媒体上的科学养育图片、知识卡片、小视频等,帮助家长促进儿童的健康成长。

第三,多元培育志愿队伍。线下除了亲子活动、家长课堂等方式外,还可以培育社区父母志愿者,链接专家资源,培养一批对家庭早教、科学育儿有兴趣且热心的爸爸妈妈志愿者,为新手父母们提供公益性、系统性的科学养育学习机会,使其不断影响身边人,扩大服务辐射面。

95. 怎样组织群众性的体育活动?

党的二十大报告提出,要推进健康中国建设,把保障人民健康放在优先发展的战略位置。健康中国要求全民有一个健康的体魄和健康的心态,在基层,举办喜闻乐见的群众体育是引导妇女积极参与全民健身行动的重要举措。那么如何组织群众性的体育活动呢?

第一,建设健身场地和体育设施。在农村,要把这一工作上升到乡村振兴的高度,在规划、建设、维护场地方面科学合理、方便安全。农村场地大,可建篮球场和广场舞场地。体育健身器材要注意维护和保养,如有安全隐患问题,要及时排解。

城市空地较少,居民和孩子经常在马路边、小路上活动,有几点需要提醒,一是安全问题,要远离机动车道路,保证人身安全；二是注意噪音扰民问题，提醒广场舞者尽量调低音乐，错峰活动，以免引起邻里纠纷；三是提醒家长管好孩子，包括孩子自身安全和伤及他人。很多孩子在小区路上飞跑着玩滑轮车，老人散步躲避不及，很容易给双方造成伤害。要提醒家长管好娃，同时也要想办法开拓更多场地。

第二，发挥竞赛杠杆促和谐氛围。妇联可配合村（居）委会组织一些竞赛活动，让平时喜欢锻炼的群众有表现机会。如健身舞大赛、亲子徒步大赛、趣味运动会、球类比赛等，以推动全民参与运动。竞赛可按村（居）或自发的小队组成参赛队伍，编排节目自娱自乐，也可增加集体亲子诵读、家庭教育小剧场等妇联元素。

第三，打造特色促品牌效益。基层体育活动要挖掘本土特色，那些喜闻乐见的传统项目，能吸引更多群众积极参与。如民俗传统文化的传承，端午节的"扒龙舟"在南方地区是一项传统的民间盛事，水乡龙舟竞渡有一整套仪式，从起龙、采青、趁景、赛龙、斗标、吃龙船饭、吃龙船饼，到饮午时茶、藏龙、散标，活动贯穿始终，从准备到比赛的整个过程，带动了群众热情参与，不仅是一项很好的文化盛事，也是一个锻炼身体的好机会。

近年来"村BA"篮球比赛火爆全网。宁夏、甘肃、河南、贵州、广东等省区纷纷举办乡村篮球赛事。其中女性参与的篮球赛被称为"W村BA"，即加上Women，贵州一些乡村，阿姨们干完农活，做好家务，就打上一场篮球，既锻炼了身体，又收获了友谊。

在农村，结合"农"字做好体育锻炼也是创新，如江西省萍乡银河镇农村运动会连续三届荣登央视新闻联播。运动会紧扣农耕、农情、农趣的特点，精心设置"土气"十足的"挑水"接力、"插秧"接力、水田抓鱼、剥毛豆、割禾等比赛项目，展示了乡土风情，突出了运动乐趣，吸引近万名观众观战助威，成为响当当的体育品牌。

一些村里还结合本地文化及有特色的创意体育活动，如广东东莞大岭山镇妇联结合本土荔枝产品和红色文化，开展荔香大岭山亲子定向越野活动。结合荔枝文化、红色文化等元素，让亲子活动在共同完成任务挑战中，领略"荔"乡魅力、寻找红色记忆、传承革命精神，很得民心。

少数民族地区的体育活动可注重传统的特色项目，如蒙古族的武术射箭、朝鲜族的顶罐走、藏族的风筝赛牦牛、回族的木球、彝族的跳火绳、壮族的投绣球等，都是很好的文化传承和体育活动。妇联组织在基层开展这些活动，突出地方特色，不仅增强了人民体质，还能带动当地经济的发展。

96. 如何开展寻找"最美家庭"的活动？

寻找"最美家庭"活动是全国妇联2014年起在全国范围内推出的群众性家庭文明建设活动，是所有村（居）妇联都在开展的活动之一。那么怎么寻找"最美家庭"呢？

第一，广宣传、多渠道。"最美家庭"是在坚持"爱国守法、明礼诚信、夫妻和睦、孝老爱亲、学习进取、科学教子，邻里融洽、友爱互助，勤俭节约、热心公益"五好文明家庭的标准上进一步确定的。包括"夫妻关爱家庭"，夫妻间相互平等尊重、生活互敬互爱、事业彼此支持、共同履行责任的家庭；"孝老爱亲家庭"，弘扬孝道文化、孝敬父母长辈、关爱家庭成员的家庭；"教子有方家庭"，立德树人为先、掌握科学育儿方法、重视言传身教、营造良好家风的家庭；"勤俭持家家庭"，厉行勤俭节约、践行低碳生活、坚持移风易俗、活跃家庭文化的家庭；"邻里友善家庭"，邻里间守望相助、团结友爱相处、热心社区公益的家庭。

妇联可开辟"最美家庭"活动专栏、张贴宣传海报、悬挂横幅、派发宣传单等。还可以组织妇联执委、巾帼志愿者上门宣传，向家庭派发倡议书，鼓励家庭申报和参评"最美家庭"。

借助新闻媒体宣传造势，在当地政府网站、基层妇联官方网站或微信公众号上开设寻找"最美家庭"专栏。有条件的还可以制作活动宣传片、公益广告或微视频加载到网络平台。

第二，常态化、多主题。寻找"最美家庭"活动的主体是广大家庭和家庭成员，以群众自荐、互相学习、彼此借鉴、共同分享为主要内容。可抓住传统节庆、重大纪念日等时间节点开展不同主题活动，如春节期间寻找"家庭和睦"最美家庭、四月"世界读书日"寻找"书香传家"最美家庭、六月儿童节寻找"科学育儿"最美家庭、七月建党日寻找"清正廉洁"最美家庭、九月重阳节寻找"孝老爱亲"最美家庭等，做到月月有寻找，季季有展示，常年有活动。同时，还可开展有时代特征的寻找活动。如2020年5月全国妇联在线上发布"最美我的家 抗疫'家'力量"全国抗疫最美家庭活动，揭晓了660户全国抗疫最美家庭，弘扬了相亲相爱、守望相助的传统美德。

第三，广联络、多形式。寻找"最美家庭"不仅是妇联的事，还要与当地政府的中心工作和精神文明建设结合起来。如将绿色低碳生活与寻找"最美家庭"相结合，在村（居）开展"绿色家庭"创建行动，通过绿色环保家庭的公益广告、短视频、宣传册以及绿色环保主题实践活动，践行简约低碳的新生活方式。将"红色基因"传承与"最美家庭"结合，寻找红色文化脉络，对家庭成员进行爱党爱国教育，坚定不移听党话、跟党走的政治信念。

活动形式是多样的，线下可通过组织家庭故事会、家风交流会、家规家训评议会等面对面的方式，线上可通过互动、网上评议、群众点赞等形式。

第四，树典型、做示范。寻找"最美家庭"活动结束后，要及时宣传获评家庭事迹，通过专题宣传栏、村务公开栏等宣传。在基层妇联官方网站、微信公众号等网络平台上宣传。召开表彰会，为获评家庭颁发奖项，设立光荣榜，授予"最美家庭"门牌，激发更多家庭向先进看齐。如河南省平顶山市中山寨村妇联通过以评促建，开展"好子女""好婆婆""好媳妇""最美家庭"等道德模范创评活动，让村民参与评价，培育和树立了一批好家风的典型，通过村务公开栏、自媒体等渠道宣传展示，"人人争当最美人物，户户争创最美家庭，携手共筑最美乡村"的理念深入人心，从而推动了好民风、好村风的建设。

97．如何开展适老化服务？

我国已经进入老龄化社会，党的二十大提出，要实施积极应对人口老龄化国家战略。基层妇联配合社区做好适老化服务，积极应对人口老龄化是责无旁贷的。那么怎样做好这项工作呢？

第一，探索居家社区养老服务模式，依托社区发展以居家为基础的多样化养老服务。

一是推动专业机构向社区和家庭延伸。专业养老机构的特点是规范化和标准化，可让老人得到更全面和科学的照护。机构团队式的陪护与普通的家政保姆不同，服务内容更全面到位，如卫生管理、饮食管理、夜间照护、居家康复、健康管理、陪同就医、心理慰藉等一条龙服务。服务人员通过专职培训，为老人提供量身定制的服务，让老人安心、家人放心。引进服务机构时，一定要认真审核其是否有正式资质，能否保证服务质量以及收费是否合理。

二是运用"社区+物业+业主委员会"的养老服务模式。这种模式可通过社区做计划，物业负责联系机构，业委会参与和监督工作过程，将养老服务送到有需要的家庭。如联系保洁公司为老人做保洁服务，在价格上给予一定优惠；与社区卫生院联系，提供送医上门服务等。城市社区还可联系餐饮部门，为老人提供长者餐。农村村委会饭堂可开设助老餐，通过政府支持一点、村委补贴一点、个人出具一点解决老人吃饭问题。妇联作为桥梁和纽带，在这里可以起到沟通联系协调的作用。

三是发展普惠型养老和互助型养老服务。普惠型养老是国家发展的趋势，要关注政府的投入和购买服务，通过机构申请项目解决养老服务问题。互助型养老方面，可建立邻里互助群，尝试开展类似劳务银行储蓄活动，即低龄老人志愿者服务高龄老人，为参与服务的志愿者积分储蓄，待他们需要服务时，可通过消费积分得到帮助。

第二，提供老年人活动场所。根据本村（居）实际情况，为老人活动提供活动场所，如利用社区办公场所设立星光老人之家，建设文化体育活动场所，配置文娱运动器材，如乒乓球桌、台球桌、棋台、图书架等，让老人有娱乐、健身、学习、交流的去处。活动场所要加强管理，包括卫生管理和内容管理，使之服务更到位。

第三，为老人终身学习提供方便。根据老人的特点和兴趣，举办书法、美术、舞蹈等学习班，让老人在家门口就可参加学习。老年教育多为公益型，授课课酬相对较低，聘请的老师可以是本村（居）有特长的人士，也可以请有爱心有专长的教师。随着我国老年大学的日益成熟，不少老年大学通过线上网课教学，妇联执委可做好对接，组织老人参与老年大学面向社会开放办学的班次，既方便老人学习，又可听到高质量的课程。

第四，鼓励老年人发挥"银发"作用。把老有所为与老有所养结合起来，建立老年人才信息库，为有劳动意愿的低龄老人提供职业介绍、职业技能培训和创新创业指导服务。引导老年人以志愿服务形式参与本村（居）基层民主监督、移风易俗、民事调解、文教卫生等活动。发挥老年人在家庭教育、家风传承等方面的积极作用。

第五，加强老年人权益保障。提高老年人的维权意识，如开设老年人识骗防骗课程，提高老年人对电信网络诈骗的防范意识。对涉老婚姻家庭、遗产纠纷、子女照顾等矛盾进行调解。建立适老型诉讼服务机制，对老年人生活中涉及的司法问题，可联络律师事务所、公证机构、基层法律服务机构，为困难老人减免法律服务费，为行动不便的老人提供上门法律服务。

第六，倡导敬老爱老的好风气。在村（居）开展"敬老爱老"宣传活动，选树表彰孝老敬亲的先进人物和家庭。执委要带头关心自家老人，为群众做好表率。女性寿命比较长，关注老年女性的身心健康是妇联的重要任务。

98. 如何开展妇女议事活动？

引导妇女有序参与基层民主自治，是我国民主政治发展的必然要求。基层妇联组织可根据全国妇联权益部于2019年10月制定的《妇女议事会工作问答》的内容，组织开展妇女议事工作。

第一，确定妇女议事人选。参加妇女议事的人员包括本村（居）妇女群众，妇联主席和妇联执委在内的基层妇联干部、妇女小组长、社团负责人，以及离退休老干部、社工、女企业家、女能人、楼栋长、巾帼志愿者等。根据妇女议事需要，可邀请与议题相关利益方及专业人员参与议事，重大问题还可邀请上级妇联和村（居）"两委"成员参加。

第二，明确妇女议事内容。内容主要是与妇女群众相关的"急难愁盼"的事情。有涉及妇女儿童权益和家庭的法律政策、男女平等基本国策贯彻实施的情况或问题，妇联组织的重点工作落实情况，涉及妇女儿童切身利益的民生热点、难点或迫切需要解决的实际问题。如留守妇女儿童、流动妇女儿童、贫困妇女儿童、病残妇女儿童、单亲家庭等特殊群体的问题和困难，与妇女儿童权益相关的婚姻家庭矛盾纠纷的预防和化解、农村集体经济组织妇女成员资格的确认、外嫁女权利的分配等都可列入妇女议事的内容。

第三，规范妇女议事的形式和流程。发挥"妇女之家"阵地功能，采取集中议事、现场议事或上门议事多种形式。根据"要事随议、有事即议"原则召开妇女议事会。可借助微信群、QQ群等新媒体手段开展线上议事，还可以结合当地民俗习惯开展线下议事。

妇女议事会流程一般分为七步：第一步，明确议事规则；第二步，对议事主要内容作出说明；第三步，相关部门负责人对相关文件政策做说明和解读；第四步，议事人员针对议题充分发表意见；第五步，梳理议事观点并形成初步议事结果；第六步，对议事结果进行现场集体表决，形成书面决议；第七步，宣布议事会决议结果。议事会要有固定人员对议事会过程做好实时记录和事后资料归档，以便日后处理。

妇女议事会后，要向村（居）社区"两委"报备议事结果，待统筹商议后，将结果广泛告知村（居）妇女群众和利益相关方，事后还要注意情况反馈，及时回访。

第四，保障妇女议事措施，包括人员保障和经费保障。基层妇联执委要做好议事活动的"召集人"或"主持人"，发动妇女群众积极参与妇女议事会。及时收集、反映妇女群众的诉求和建议，分析整理后形成议题并提交议事会研究。根据《关于加强城乡社区协商的意见》精神，通过纳入村级组织运转经费、实行项目化运作等方式，保障妇女议事活动的经费。

99. 如何参加竞争上岗的演讲？

基层工作经常会遇到竞争上岗，如参加执委的竞岗、提拔升迁的竞岗等，那么如何参加竞争上岗的演讲呢？

第一，写好演讲稿。

无论哪个岗位，组织部门都会出台相应的方案，对演讲主题、时间、内容有具体要求，要认真研读方案要求。演讲稿结构可以分为：

一是标题，单标题或双标题都可。单标题如《当好执委　做群众的贴心人》，双标题如《精准服务　搭好连心桥——参加妇联执委的演讲》。

二是称呼。用"各位领导、姐妹们，大家好！"比较亲切自然。

三是开头。个人基本情况姓名、年龄、学历、职业等。如："我叫王××，来自'千峰环野立，一水抱城流'的广西，退休前是一名小学教师，现为社区广场舞领队。"简单明了，开门见山。

四是个人优势。结合竞争的岗位，把最匹配的优势找出来。如"参加执委工作，我有以下几个优势，其一我有一份公益心，退休前，我是一名人民教师，十分关心女性和儿童的发展，希望帮助她们解决困难。我一直参加由妇联组织的志愿服务活动，累计时长达到320个小时，是三星级志愿者。其二我有一定的舞蹈专业水平。在广场舞队中我一直是领舞，深受大家喜爱。其三我有一定的管理能力。经常组织社区志愿者服务队开展各种公益活动，有很强的表达和沟通能力"。层次清晰，让评委和听众跟着你的逻辑思路走。

五是工作设想。竞岗后如何开展工作，可结合个人优势和岗位特点。如"如果竞岗成功，我会从以下几个方面完成任务：其一积极组织和参加妇联的各项活动，不断提高个人的组织能力和沟通能力，让执委工作开展得更顺利；其二利用社区广场舞队的资源，引导队员们参加社区巾帼志愿服务，让更多妇女团结在妇联周围，服务群众；其三利用教育工作者的经历，主动承担普法教育和家庭教育，为社区治理出力"。工作设想要务实可行。

六是结尾。结尾可以是充满激情的或理论升华的收尾，也可以是比较自然的收尾。如"时代在召唤，扬帆砥砺行。我相信，在党的领导下，在妇联的召唤下，我一定能在妇联执委的岗位上再创不平凡的业绩，为人生再添华章！""请大家信任我，我一定努力工作，不会让大家失望的！"

第二，上台演讲的技巧。熟悉演讲稿，演讲内容都是个人经历，应该烂熟于心了。演讲前可多预演几次，找朋友或家人当听众，经过实战训练后，会让演讲更流畅大方。演讲时要有自信心，保持微笑，用手势帮助情绪表达，缓解紧张情绪。语速适中，注意用语音语调的高低起伏增强演讲效果。

第三，演讲中注意的问题。

竞争上岗演讲是综合素养的展示，在演讲中要注意以下几个问题：

一是不要背书式读稿子，这会影响你和听众的交流，放松自然地说出来才能达到好的效果。

二是把握好时间，一分钟200字左右，根据时间控制稿子的字数。竞争上岗一般要求是5分钟至10分钟，把握好语速和时间，既不要超时也不要提前太多。

三是注意个人整体形象，发型要简洁，女性的长发最好扎起来或盘起来，不要披头散发。可以化一点淡妆，让自己更精神些。服饰最好着正装，因为这是对演讲的重视和对听众的尊重，也能体现出自己的重视。

100．如何建立妇联执委工作室？

妇联执委来自不同行业、领域、单位和机构，为了更好地发挥执委的作用，按照"一名执委引领一个团队、一个团队服务一群女性、一群女性温暖一个城市（村［居］）"的工作理念，各级妇联建立了执委工作室。那么如何建立执委工作室呢？

第一，发现优秀的执委人才。在执委中寻找优秀者，在有技能、有特长、有公益心的执委所在的组织或机构中建立工作室。如金律师是名妇联执委，又是位优秀的婚姻调解律师，妇联以她所在的律师事务所为基地，成立了"金律师执委工作室"，推动了当地婚姻家庭纠纷的调处，几个月成功调处了40余起婚姻家庭纠纷。张执委是位小学校长，她所在的学校成立了"张校长执委工作室"，她不仅在本校多次举办家长教育培训班，还聚集了一批热心教师进入工作室，并组织起来到其他学校给家长培训。冯执委是天津大港油田采油女工，她建立了"冯执委工作室"，让姐妹们在盐碱滩上因她"联"在一起，沟通学习，技术比武，非常开心。

第二，规范建设执委工作室。为促进执委工作室高效服务妇女姐妹，一些妇联制定了《妇联执委工作室实施方案》，按照方案要求规范工作内容。如天津武清区首批打造了五个标杆型执委工作室，包括权益维护、乡村振兴、思想引领等项目。天津蓟州区妇联在思想引领、志愿服务、普法宣传、家风传承、就业指导、妇儿健康六个领域建立了特色工作室，分别设在区融媒体中心、区人民法院、区人社局、区卫健委、区教育局以及"两新"组织中。工作室按方案的要求，有专人管，有专业指导，有固定场地，有服务时间和对象，非常规范化。

第三，发挥工作室作用。妇联组织部门通过执委工作室的建立，延长了妇联的手臂，打通了"最后一公里"的服务。工作室不仅是挂个牌子，聚拢人员，更重要的是开展引领和服务工作。

如广州市越秀区"英艳家事纠纷调解工作室"是在社区专

门调解社区家事矛盾纠纷的执委工作室。工作室注重用"法律与感情、原则性与灵活性、理性与感性"三结合方式,突出"个人+团队"的运作模式,将"智慧律师、公证、调解、社区矫正"等信息化技术融入日常工作中,为辖区居民群众提供了高效、专业的"一站式"服务,为百姓做好"小事情"、解决"小问题"、调处"小矛盾"、化解"小纠纷"起了重要的作用。

广州海珠区建立的"芳华姐姐执委工作室"通过统筹整合党群服务中心、妇女儿童之家等各种资源,建立健全执委履职工作机制,组建志愿服务队伍,开展丰富多彩的文化活动,形成外来人员和本地居民紧密融合的"共同体",营造了优良家风家教的浓厚氛围。

某幼儿园刘园长是妇联执委,在她所在的幼儿园建立了"刘园长执委工作室",工作室成员有妇联干部、教师、家长等。成员经常研究如何将性别平等推进幼儿园的教学中。幼儿园有个舞狮队,以往都是男孩当狮头,经过性别平等教育,打破了性别刻板印象,小女孩们勇敢地当了狮头,大大地增加了女童们的自信心。

第四,做好科学评估。妇联要制定相应的评价标准,对执委工作室做定期的履职评议,评议方式可按照有关标准自我评议,也可由妇联组织相关专家对其工作进行评议,还可以邀请群众代表参加评议。根据评议结果进行工作调整,使执委工作室更好地服务广大妇女群众。

附编
执委案例编

以下选择了20位优秀妇联执委的工作案例,有些是执委自己写的,有些是笔者采访的,有些是妇联评出的。每个案例的人物和事迹都是真实的,作者只在文字上和结构上做了一些修改和调整,并侧重某方面的业绩。有些内容可能比较粗略,有些文字可能不够成熟甚至原生态,但通过执委们鲜活生动的工作,反映出这个群体服务妇女儿童的奉献精神以及具体做法,有一定的典型意义。为了统一格式,表述都用了第三人称,以方便读者阅读。

1. 组织动员助发展——戴执委

仁里村妇联的戴执委是一名老共产党员,30多年来从妇联干部到妇联主任再到妇联主席和妇联执委,一直从事农村基层妇女工作。2016年任仁里村妇联执委。作为一位老妇联人,她有很强的组织能力,在村里组织了多支队伍,为乡村振兴出力。

她成立了仁里村妇女爱心志愿者队,从最早只有她一个人,到现在扩充到92人。志愿者团队积极宣传党和政府的各项方针政策,努力帮助妇女排忧解难,成为村级民主治理的骨干力量。

她成立了仁里村嫂种养农民专业合作社,艾草种植和艾草深加工产业,通过"合作社+农户"模式,融合乡村文旅,让留守妇女在家门口实现就业,既解决了农田丢荒问题,又增加了留守妇女的经济收入,妇女姐妹们都积极参与。端午节期间,合作社成员一起包粽子,她带头直播带货,每天几千斤粽子运往深圳,供不应求,收到了很好的经济效益。

她组织妇女群众助力乡村振兴,积极参加农村的"三清三拆三整治"工作。三清,即清理村头巷边乱摆放的生产工具、建筑材料,清理房前屋后杂草杂物、垃圾,清理村边臭水沟、烂池塘等。三拆,即拆除农村危旧房、废弃养殖场及露天厕所,拆除村民乱搭乱建、违章建筑,拆除路边影响村貌的非法违规商业广告等。三整治,即整治生活垃圾,整治生活污水排放,整治居民环境等。在落实这项工作中,她带头拆除自家旧建筑,积极向姐妹们宣传美丽家园的好处,在她的带动下,妇女们积极配合工作,村容村貌得到了极大改善。

2. 积极宣传聚人心——梁执委

梁执委是陂角村妇联主席、执委，中共党员，2013年以来一直担任村妇联主席和执委。她牵头成立了陂角村志愿者服务队，成为市里首个乡村志愿者服务队。服务队特别重视宣传和鼓励妇女群众，在交通文明宣传、清理河道宣传、爱国卫生宣传、垃圾分类宣传等方面做出了突出成绩。

建党百年期间，梁执委带领本村妇女围绕"学党史、颂党恩、办实事"的主题，开展了一系列针对农村妇女的宣传教育活动。如家庭教育、健康保健、读书交友活动，组织广大妇女树立巾帼心向党、建功新时代、坚定不移跟党走的信念。

疫情防控期间，她每天通过村里"妇联好声音"的公众号和拉横幅、发倡议书等形式向村民宣传防控知识，积极倡导群众践行科学佩戴口罩、垃圾分类投放、保持社交距离、分餐分筷饮食、看病网上预约等健康生活方式。为了落实疫苗接种工作，组织巾帼志愿队每天上门入户，宣传动员群众，倡导大家积极投身爱国卫生运动，加大公共场所清洁消毒力度，堵住了病毒传播渠道。

在建设美丽乡村的过程中，充分调动农村妇女在美丽家园建设中的积极性，宣传生态文明理念，倡导妇女从清洁自家庭院做起，进而净化村道，扮靓村庄，有效地改善了本村的人居环境。

3. 自家门口种金山——江执委

江执委是上龙村党支部书记、妇联主席、执委，是一位农村妇女创业的女能手和领头雁。2013年村里成立专业合作社时，创办了村蔬菜专业合作社，合作社绝大多数是女社员。采取"公司+专业合作社+农户"的模式，精准扶助贫困户，带动农户脱贫致富。为了扩大生产，江执委带头把村里抛荒的土地流转到合作社，将蔬菜、水果、中草药种植发展为特色产业。留守妇女们高兴地说："我们不用走出家门，在家就能种上属于自己的'金山银山'，感谢妇联的江执委。"

江执委还是全村妇女儿童的贴心人，为了让妇女有健康的身体和良好的心态，她在村里组建了村广场舞队，凝聚了妇女的力量。在农村"人居环境"整治工作中，她带领妇女们积极参与，尽显新时代妇联执委的责任与担当。

4. 兰花绽放亮名片——严执委

严执委是县兰花协会秘书长、兰业有限公司董事长、县妇联兼职副主席、市妇联执委。她立足发展兰花产业，打造兰花行业龙头企业，解决了一批当地妇女就业的问题。为了促进兰花销路，她突破传统销售模式，运用电商团队直播销售，打响了兰花名片。她积极探索产业融合发展新思路，延伸产业链，生产以兰花为主题的文创产品，如兰花手工香皂、兰花精油沐浴露、洗发露、兰花旗袍、兰花手包、兰花饰品等。项目分别获得农村电商赛团队组金奖、中小企业创新创业大赛的创客组金奖、返乡人员创业创新大赛之农村电商赛企业组金奖等多个奖项。

作为妇联执委，她积极推动研学活动和"兰文化"进校园，把兰花科普讲座活动做到学生中间。举办多场兰花科普讲座，惠及学生万余人。她还义务举办兰花种植技术、网络直播带货等专业培训，解决了100多名妇女的就业问题。充分地展示了妇联执委履职尽责、乐于奉献的巾帼精神和时代风采。

5．依法调解抓治理——许执委

许执委是一名本科为法学专业的村委会主任、妇联主席和执委。她充分发挥法律专业的优势，积极普及法律知识。在村里建了一个"多元调解室"，涵盖家事纠纷、继承纠纷、妇女儿童维权、宅基地纠纷、耕地纠纷、集体资产处理不当等具有基层村域特色的矛盾调解，并用法律专业知识，解决了一些历史遗留问题和现实矛盾，维护了妇女儿童权益。

在依法治村时，许执委还根据村情逆向思维处理问题。对以往乡村熟人社会的情、理、法进行重新排位，反之用法、理、情的序位破解基层治理只讲情不讲法的问题，让更多村民在法律法规下维护了自己和集体的合法权益。

作为市人大代表，她在村里建立了由党代表、人大代表、政协委员组成的"两代表一委员"联络站，调动代表和委员参政的积极性，做到懂民情、听民意、解民困。为了让群众找到身边的党员，她绘制了一张本村党员亮身份服务地图，让群众有困难时可以直接找组织找党员，把妇联桥梁和纽带的作用发挥得精准到位。

6. 各方助力促振兴——黄执委

黄执委是古坝东村党总支书记、主任、妇联执委。作为村里的带头人，她在乡村振兴的道路上，全面促发展，综合治理显成效。

产业振兴中，她发挥农村妇女种养殖优势，积极培育各类女能手，有种兰花、种瓜菜的，有养鱼、养乌龟的，有种树、搞园艺的。经过多年努力，这些女能手有的被评为省三八红旗手，有的成为劳动模范，有的被评为行业先进人物，不仅提高了全村妇女的综合素质，还培育了强有力的产业振兴的巾帼力量。

在文化振兴上，她以创建"文明家庭"为载体，全面开展文明家庭创建，村里600多户被评为"文明家庭"。为提高妇女的综合素质，她开设了各类学习班，有妇女儿童教育学习班、妇女健康专题学习班、党员和村民代表普法学习班、男女平等教育学习班等，妇女群众既学到了知识，还增进了友谊，村风越来越好。

在组织振兴上，她积极履行妇联执委职责，全力维护妇女儿童合法权益，加大宣传，提高依法维权意识，邀请法律人员，举办专题培训，引领妇女学法、守法、知法、懂法，不断提升妇女的法律意识和自我保护能力。

在关爱妇女健康中，组织妇女积极参加广场舞健身活动，培养妇女健康理念。每年组织妇女开展健康体检活动，做到有病早治、无病早防。通过健康培训，增加了妇女对生殖健康和预防妇女疾病健康的知识，增强了自我保健能力，倡导了科学文明健康的生活方式。

7. 科学治理见成效——刘执委

刘执委是一位"80后"的研究生，任郭塘村党委书记、主任，妇联执委，是当地村书记中学历最高的女性。

因为年轻，刚开始任村主任时，群众更多的是投来观望的目光，但她抱着初生牛犊不怕虎的勇气，大胆地提出村级改革建议。想法新颖，但对村里实际情况考虑不足，一时难以被村干部和群众接受。她领悟到做基层工作要多听、多看、多走，才能做到底数清、情况明。于是她经常与村里党员、群众拉家常，关注贫困和弱势的妇女儿童、单亲特困母亲等重点群体，及时向上级部门反映社情民意并建言献策。从此，她和村干部、群众之间的沟通越来越顺畅，提出的建议更加符合实际，逐步得到了村民认可。

她研究生学的是公共管理专业的社会治理方向，与乡村治理关系特别密切，用管理学理论指导乡村治理，在探索中不断前行。她结合本村实际，制定了近50个工作方案并亲力亲为，使制度管理落到实处。

为了更好地宣传党的理论，通过公开宣讲、走访座谈等多种形式，向广大党员和群众宣传中国特色社会主义理论体系和男女平等基本国策，搭建了党群之间的"连心桥"。

作为村书记，她全面统筹村里各项工作，基层党建、环境整治、安置房验收、小学易地重建、换届选举、房屋确权、妇女儿童维权、重点项目征拆等，无一不成为她的工作要点。

为了提升党建引领，她一边请教职能部门，一边查阅文件资料，将各项任务落到实处。在她的带领下，村党组织建设力量得到极大提升，党员干部队伍精神面貌焕然一新，各项重点工作稳步推进。

为了更好地倾听群众的意见，她的手机号码向全村公开，24小时待机，她说："村民有任何问题，都可以第一时间向我反映。"和科学治理相结合，让这位研究生村主任和妇联执委带领乡村民众发展得越来越好。

8. 借助网络助提升——曾执委

"90后"的曾执委是社区党委书记、居委会主任、妇联主席和执委，有着年轻人思维敏捷、好学上进、积极活跃的特点。

为了做好社区建设，她采用现代远程教育平台、"互联网+"和"两微一端"等新手段，把党的方针政策宣传到基层妇女群众中。利用微信群宣传《中华人民共和国妇女权益保障法》和《中华人民共和国反家庭暴力法》等法律知识，让法律知晓率和普及率在社区有了很大的提升。

她注重整合资源，建好队伍，成立了巾帼志愿服务队，下设妈妈禁毒队、暖心服务队、创平巡逻队、文娱活动队、文明创建队、便民服务队及法律服务队七支队伍，从不同角度把工作做实做好。妈妈禁毒队经常在社区悬挂横幅、摆放禁毒宣传牌，发放禁毒宣传资料，让居民远离毒品。暖心服务队常探访孤寡老人，走访困难群众，为困难户发放慰问金和慰问品。为此，她荣获了优秀人民调解员、优秀团干部、优秀党务工作者等多个光荣称号。

9．群防群治有担当——时执委

时执委是社区党委书记、居委会主任、妇联主席和执委。她扎根社区基层28年，积极为群防群治、共建共治共享出主意，促进了社区的科学治理。

她提出完善花园公交站前往地铁的人行道建设，得到有关单位的关注并予以解决。

她倡导城市化"光亮工程"建设，对一些长期无路灯的现象进行调查跟踪，并将具体情况上报有关部门，使路灯长明落到实处。

她提出开展小区"生命应急通道"畅通的专项工作，以片区网格为责任单位，联动各物业公司和公安交警部门开展巡查劝导和执法整治，取得良好成效。

她更关心本社区的居民，为解决辖区内女性因病致贫的家庭困难，主动协助申请救助资金，帮助她们走出困境。还配合妇女发展规划的落实，积极组织辖区妇女进行"两癌"筛查。经常走访残疾家庭及困境儿童家庭，开展形式多样的亲子活动，为困境儿童搭建平台，众多残疾儿童在父母陪伴下走上人生第一舞台。

她带领社区妇联全体执委并广泛发动社区热心的妇女群众，建立"红管家"服务队，在社区开展治安巡逻、城市创文、交通守岗、垃圾分类、疫情防控等各项社区服务活动中起到了积极作用。她把小公园聊天、榕树下畅谈、邻里间串门作为日常联系群众的手段。让业主微信群、社区交流群、兴趣爱好群成为常态化收集社情民意的平台。"红管家"既是倾听社情民意的"贴心人"，又是切实解决群众烦心事、难心事、揪心事的"暖心人"。

10. 专解难题化风险——黎执委

黎执委是社区党总支书记、主任、妇联执委。有扎实的法律功底和社会学知识，拥有全国司法考试和社会工作师的资质证，运用法律知识在实践中化解了不少问题。

河涌是城市治理的痛点，乱搭乱建更是影响整个城市风貌。她所在的社区，有80多处乱搭建的星瓦棚、石棉瓦棚、木棚围栏，严重影响了河涌治理的进程。为此，她带领党员和执委多次到居民家里做思想工作，通过法制宣传，有理有据地动员大家以民生工程大局为重，自行拆除违建物。在她的耐心说服下，居民从开始对抗到后来主动拆除，最终辖区内所有居民都签订了拆除协议，还了河涌地区干净整洁的风貌。

当巨大台风来袭时，她始终坚持在一线，做好安全保障工作。一位住在危房里的住户就是不愿意撤离，她反复做思想工作，最终说服住户安全撤离。台风暴雨来袭时，居委会办公室的水浸漫过大腿，但她毫不退缩，一直在水中带领团队坚持留守岗位，保障了社区全体居民的安全。

疫情发生后，她带领社区积极投入防控宣传和入户摸排工作，对滞留在外地的人员通过电话联系和实地走访，确保第一时间发现新情况。为了更好地服务居家隔离人员，她添加了所有隔离人员的微信，每天询问体温和健康状况。带领社区工作人员为50多位居家隔离人员配餐，购买肉菜、生活用品、药品，送口罩，扔垃圾，为孩子送玩具和书本等，让居家隔离人员安心、暖心、踏实。为了缓解滞留疫情重点地区租房人员的经济压力和思想压力，她反复与房东沟通，让房东为滞留人员减免房租，最后减免率高达99%以上，为群众送去了实实在在的温暖。

为了把矛盾解决在基层，社区还成立了"调解工作室"。14位有专业水平的专家为群众解答法律咨询400多宗，成功调解各类纠纷200多宗，大大化解了矛盾，促进了社区和谐。

11. 求真务实办好事——柯执委

柯执委是社区党委书记、主任、妇联副主席和执委。自

2006年到社区一直奋斗在基层第一线。始终坚持"民生无小事""态度决定服务"的工作理念，以想干事、能干事的工作作风赢得居民好评。

在日常工作中，她将群众来访来电的内容密密麻麻地记录在工作日记本上，做到事事有登记、有呼必有应，4年来记载了群众反映的事件200余件，每件都细心回复解决。

社区有一名拾荒老人经常将垃圾脏物堆放在公共区域，成为居民集中投诉的对象，但老人始终不愿意改变。她多次与老人谈心，当了解到老人因孤独无事、心里空虚，所以才每天收捡垃圾的情况后，她想能否邀请老人加入社区志愿服务队，填补老人的空虚。在她的帮助下，老人接受了社区安排，成为铲除"牛皮癣"小广告的志愿者，垃圾也不乱放了，问题得到了圆满解决。

在倡导垃圾分类工作中，她转变工作思路，以奖代罚，在小区内实行垃圾分类积分兑换制。定时定点分类，投放一次就获一个印章，十个印章可兑换小礼品，让小区垃圾分类率显著提升，居民素质也得到整体提高。

在社区治理中，她坚持政治、法治、德治、自治、智治"五治同创"理念。坚持用习近平新时代中国特色社会主义思想教育群众，打造文化品牌，搭建服务平台。她每年组织小区春节联欢会，不仅凝聚人心，更成为家喻户晓的社区品牌。每逢重大节假日，小区活动总是丰富多彩，有感恩母亲节、普法夏令营、广场舞大赛等，适时应景的文体活动，在寓教于乐中受到群众的好评。

12. 退伍军人好帮手——雷执委

雷执委是社区党委书记、主任、妇联主席、退役军人服务站站长。她始终坚持党建引领社区妇联工作,将1627名下沉党员精准编入网格、楼栋,建成网格党支部12个、网格党小组32个、划分党员责任片区37个,打通党员服务居民的"最后一米"。

作为退役军人服务站站长,她特别关心辖区内退伍军人,除了为他们做好服务外,还充分利用退伍军人及家属素质高的特点服务社区。以120名退役军人家属为主要成员,组织了9支文体团队,开展知识讲座、手工制作技能培训、书画比赛、摄影展览、文艺联谊和"最美军人照"故事分享会等活动,增加了退伍军人的荣誉感。还组织她们参加各类比赛,获多个奖项,"秀秀舞蹈队"获"横店杯"全国广场舞邀请赛暨全国宫廷排舞大赛"三等奖",提升了居民的自信,促进了社区的文明。

她发动广大妇女主动加入"党员突击队""红棉老兵""军嫂"等12支党群志愿服务队伍。在疫情防控、核酸检测、疫苗接种、社区治理、垃圾分类、创文创卫等急难险重任务和公益活动现场到处都有"妇女战士"的身影。赵大姐是巾帼志愿者、军休所退役军人和楼栋长,她参加活动特别积极,在抗击疫情中,赵大姐挨家挨户敲门让住户填写健康状况申报表、派发各类宣传资料。有的退役军人家属、巾帼志愿者还主动将自家的音箱送到居委会,方便宣传。这些队伍在妇联领导下，服务社区，服务居民，成为一道道亮丽的巾帼"风景线"。

13. 调解专家热心肠——区执委

区执委是社区党委书记主任，妇联主席和执委。人们称她是社区"调解专家"、街坊们的"知心姐姐"。

城市小区的电梯加装问题、用水用电困难、家庭成员的矛盾、邻里之间的纠纷、居民和商户之间的矛盾，看起来都是琐碎小事，但区执委都把它当成群众大事。把这些问题一一记录在笔记本中，总结了一套适用于本社区调解的法则，她的"调解"秘诀是："完善排查机制是做好调解工作的前提，健全调解网络是做好调解工作的保障，发挥调解优势是做好调解工作的关键，化解矛盾纠纷是做好调解工作的基础。"辖区内有位女性遭受家庭暴力多年，碍于面子，迟迟迈不出寻求法律途径帮助的重要一步，区执委得知后，和她多次沟通，鼓励她对家庭暴力零容忍，最终她勇敢地提出协议离婚。社区帮她申请到救助金和公租房，有了稳定的工作，这位女性开始了新生活。

区执委还很热心肠。她所在的老城区街巷里晚上比较昏暗，有街坊反映应该加装路灯。她看到安装图纸后，进行实地走访调查，发现原设计不太科学，于是便将调研情况反映给施工单位，经过沟通，施工方调整了方案，光亮工程点亮了街坊们的心愿。

14. 协同育人促文明——唐执委

唐执委是社区党委书记、主任、妇联主席和执委,在社区建设中,她特别关注家庭文化建设,探索了一条家校社共同育人的路子。

为了做好社区家庭教育工作,唐执委主动链接多方资源,开展"用爱撑起幸福帆",为困境儿童家庭提供心理评估、情绪疏导、生涯规划等深度服务,建立家校社联动机制的教育模式。

她在社区打造了"大榕树下雅郡人家"的以家教、家风为特色的品牌活动。为满足本社区居民群众对0至14岁青少年教育服务的需求,社区与隔壁实验小学党支部结对共建家庭教育基地。每逢周六,实验小学的党员教师就走进社区的妇女之家,给家长讲课,打造了家校社共育的新模式,形成了特色品牌。活动以"坚持党的全面领导 尽心为群众办实事"为题,在市级电视台进行了综合频道报道,在社区居民中得到极大反响,大家都为社区妇联点赞,为生活在这样文明的社区而自豪。

为了呼应义务教育"双减"政策,提升孩子们的运动兴趣,她还引进著名篮球联盟的娃娃篮球公益培训课,送上专业篮球课,为孩子们播下了热爱篮球、热爱运动的种子,健康了身体,增进了感情,促进了社区和谐发展。

15. 敢为人先有创新——张执委

张执委是全国妇联执委、优势力社会工作发展中心执行总监、妇联主席，是一位在妇女事业上处处有创新的"四新"社会组织者。

她是当地第一个社区矫正的进场社工，在全国社会组织中成立首个妇联组织，建立了首个全国妇联执委的工作室，是最早积极探索妇联执委履职长效工作机制的执委，且持之以恒地在改革路上与妇联相伴前行。

张执委的培训服务上至全国妇联，下至基层村（居），分布全国多个省份，培养了大批妇女干部。她非常重视妇女儿童相关议题的理论研究，为各级妇联提供研究报告、研究专著、专题培训等多个项目，扎根社区服务妇儿家庭百万人次。

她特别关注弱势群体，通过"小海星项目"等服务品牌为外来流动妇女、儿童及其家庭服务。

张执委组织的公益活动始终以服务妇女儿童为重点，"为她读书"公益项目的开展，为助力女性积极阅读和思想成长提供了生动鲜活的阅读平台。

张执委身上无不体现着社会组织中女性的巾帼担当和"我是执委我服务"的理念。

16. 热心关爱见成效——肖执委

肖执委是县妇联主席和县妇联执委。作为妇联干部，她组建巾帼宣讲团,在县、镇、村三级妇联充分发挥妇联阵地作用。通过"一线双联""民情夜访"等方式,了解妇女群众急难愁盼的问题。多次召开"学党史下基层　为妇女办实事"妇女民生座谈会,举办多场家庭教育讲座,让家长和学生共同受益。她组建了"仁爱仁家"家庭教育讲师团队伍,打造了家庭教育品牌,组织了居民开展防火、防电信诈骗、禁毒宣传等系列活动。

她组织的"情暖母亲节·关爱困境母亲"暨培育好家风、好家训活动、单亲特困母亲安居房、文艺志愿者为新龙村儿童合唱团、广场舞队提供辅导、妇女"两癌"免费筛查工作、赠送关爱女性安康保工作等,无不体现了执委的爱心和热心。

为了解决妇女儿童的心理健康,县妇联与专业心理机构还签订了"舒心驿站"项目运作协议,做好咨询服务个案,将"娘家人"的温暖送到广大妇女群众的心坎上。

17．用爱用心做服务——李执委

李执委是育苗幼儿园园长、诚信人力资源服务有限公司董事、县妇联兼职副主席、县妇联执委,从事幼教31年,创办了该县首家智慧亲子早教中心。她的办园理念是"让孩子第一步就走上健康、快乐、自信之路"。为此,她把幼儿篮球项目引进幼儿园,让孩子们在运动中健康成长。

为了解决妇女就业问题,她创办该县首家家政培训基地,成立了人力资源服务公司,公司为妇女群众提供了"培训+再就业"的平台，与多家单位签订了购买劳务服务合同，为企业提供专业保洁人员，安排进城务工人员和农村富余劳动力再就业，培育一批育婴护理和养老服务的妇女，帮扶多名残疾女性和低保户妇女就业。

她勇于创新，开办了职业培训学校，学校有妇婴护理培训班、家政保姆培训班，为社会培养了大量服务型的专业人才。她坚持用爱育人，用心服务社会，谱写了新时代的人生赞歌。获省级优秀幼儿教师、市三八红旗手等多个荣誉称号。

18. 重视培养育人才——杨执委

杨执委是区税务局党委委员、副局长和区妇联执委，她特别重视年轻人的培养，组织青年干部开展"世界咖啡馆"学习研讨，通过"分享+碰撞、理论+实践、线上+线下、联学+共建"的"四+模式"，组织本单位女性学习专业理论，分享学习心得，碰撞思想火花，通过线上线下学习，提升单位妇女的综合素养。在这种学习模式指导下，助力5名干部考取了"三师"资格，25人次入选省市级人才库，为税务系统培养了一批优秀的年轻干部。

杨执委还是纳税人眼中全心全意服务的"好税官"，她创新打造了"传薪火·筑税优"品牌矩阵，设立了"税优服务E站"，用心用情办实事，搭建起税企沟通的"新桥梁"，成为全市乃至全省税务系统首个品牌矩阵。

她是妇女干部眼中乐施向善的"热心肠"，关爱着200余名困境留学儿童;她积极参加各种志愿服务,累计志愿服务时长150多个小时。为此她荣获省"五一"劳动奖章、"城乡妇女岗位建功先进个人"和市"先进工作者"等多个荣誉称号。

19. 保驾护航抗疫情——廖执委

廖执委是镇卫生院党支部书记、院长、镇妇联执委。新冠疫情突如其来时,她正遇上家庭变故,爱人因病突然去世,但她没有消沉,没有下火线,而是带领全院医务人员奋战一线,以巾帼不让须眉的勇气与担当,为打赢疫情防控阻击战贡献了巾帼力量。为此,她先后获得省抗击新冠疫情先进个人、"守土尽责 守望相助"2020抗疫纪念奖章。

为了在抗击疫情中发挥党员的模范作用,她在医院率先成立"党员先锋队",要求每位党员佩戴党员徽章上岗服务,急难事勇担当,真正起到了党员的作用。

为了更好地服务妇女儿童的身心健康,她努力提升卫生院的预防接种和妇幼保健服务,兢兢业业,为当地的妇幼健康保驾护航。

她处处关爱女职工,在护士节期间把活动卡片和小礼物送到每位女职工手中,让同事们体会组织的温暖,以更加努力的工作态度回报组织,真正起到了一位基层妇联执委的作用。

20. 家风家教好传承——王委员

王委员是城市保洁所所长，区城市管理和综合执法局妇委会委员。她在基层一线工作30多年，从一名普通的清洁工成长为所长、市人大代表。作为环卫行业的妇委会委员，她不仅把本职工作做得有声有色，更注重将组织的温暖送到环卫工人家中，将好家风和好家教传递给每位职工，让这些城市美容师的家庭更和谐和睦。那么她是怎么做的呢？

一是加强学习，努力提升自己。在工作中，王委员感到家庭和谐特别重要，她以习近平总书记"注重家庭、注重家教、注重家风"为指导，认真学习心理学、教育学和国学中关于好家风、好家训的内容，使自己有了家庭教育的理论底气。作为市妇联家庭教育讲师团的成员，她积极参加家庭教育的研究工作，经常为职工讲授家教课程，还经常请专家为一线环卫工人讲授家教公益课程。

二是关心职工，促进家庭和谐。环卫行业的职工文化水平普遍不高，家庭相对比较困难，容易产生家庭矛盾。王委员把家访当作日常工作的重要组成部分，特别是遇到夫妻吵架，家庭不和、子女辍学问题时，她更是晓之以理、动之以情，用科学的家庭教育方法，先后解决了上百位工友的家庭问题。

三是对困难职工更是关心备至。她把每一位有困难的员工在册登记，制订一对一的帮扶计划，她了解到一位儿童因失去母亲而沉寂，不好好学习，为了鼓励这个孩子，她亲自资助孩子的学费，送去生活用品，帮助孩子树立了自立自强的精神，成为积极上进的好少年。职工小李身患重病多年,因病致贫,她积极倡导员工为其捐款,小李深深感到组织的关心和关怀,重新燃起了工作热情。

四是注重家教,鼓励家长成长。城市环卫工人很多是从农村进城的务工人员,经常顾不上孩子,也不懂得如何教育孩子,王执委经常把家庭教育服务送上门。有位女职工的孩子因青春叛逆期辍学在家,整日郁郁寡欢,夫妻间为此天天争吵不断,生活陷入困境,王委员得知此事后,给夫妻俩送去《改变孩子先改变自己》的书,鼓励家长好好学习,孩子才能天天向上。夫妻俩通过学习家教知识,认识到青春期孩子所谓的"问题"其实是成长过程中的必然经历,父母要与孩子共同成长,因此夫妻俩改变了教育方式,孩子重新走进了校园,并通过刻苦努力考上了重点高中。

王委员不仅解决了多个家庭的问题,促进了家庭和谐,还有效地提高了职工的工作热情,工作、家庭互相促进的策略,使她成为女工委中"有爱心的好大姐"。同时,作为市人大代表,她还积极建言献策,提出制订家庭教育地方性法规的建议,受到有关部门的重视。

后记

2015年秋，广东顺德龙眼村妇联主席宝珠说她们村妇代会改建为妇联了，让我去给新执委们讲一堂课。讲什么好呢？我想到在顺德妇联做"3861妇女儿童公益项目"督导时，看到各村妇女干部勤勤恳恳、兢兢业业地忙上忙下——摆凳子、贴横幅、搞接待，活动开展得井井有条，很团结，很有力量，于是我就以"我们妇联有力量——基层妇联执委综合素质提升"为题讲了一课。自此，这门课就成了我给基层妇联执委讲授的保留课程。几年来，给省、市、县、乡、村妇联执委讲这门课也有上百场了，每次上课，都有学员问我，葛老师，有没有基层妇联执委可以看的书推荐啊？问的多了我想是不是要为执委们写个教程呢？于是我到农村去调研时、给妇联执委们上课时、撰写相关论文时，就在汇集材料，进行思考，最后在我的课题上进行拓展，撰写了《我们妇联有力量——基层妇联执委百问百答》一书。

本书写作过程得到了中国妇女出版社廖晶晶副总编辑、

万立正主任的指导；广东省妇女儿童活动中心总经理安玉红，副总经理肖辉、严建峰以及中心的老师杨瑞莎、卫柳华、林秀娣、刘松涛、陈祺燕等参与了本书的研讨并提供了丰富的材料，在此一并表示衷心感谢。还要感谢广东省妇联、广州市妇联、韶关市妇联、河源市妇联等提供执委们的素材，特别感谢接受采访和提供文字材料的妇联执委们，让我在书中真实展现了她们服务群众的典型经验。值得一提的是，本书封面上人物形象，正是我和广州市增城区的村党支部书记、村主任及妇联执委们合影的真实影像，她们团结的力量，正是我国七百多万妇联执委服务妇女儿童有力量的缩影。

广东人民出版社综合出版分社黄汉民副社长、张瑜编辑专业的编辑和认真的审核使本书能够顺利面世，在此一并表示真诚的感谢！

感谢广州简知科技有限公司的管持恺、杨谊为本书录制的课程进行剪辑，使课程资源能够更好地为读者服务。

希望本书的内容能让服务于基层的妇联执委在亮身份时更有底气，在服务群众时更具专业性，真正让每位妇女都有人生出彩的机会。

2023年6月25日

微信扫码
看配套课程
做好新时代妇联工作

配套课程
☑ 理论实践相结合，开展高质量妇联工作。

进阶讲堂
☑ 坚持男女平等基本国策，保障妇女儿童合法权益。

读书笔记
☑ 拍照记录工作日常，分享经验与体会。

读者论坛
☑ 加入本书读者交流圈，一起交流探讨。